초등 집중력을 키우는
동시 쓰기의 힘

**일러두기**
이 책에 나오는 동시들은 모두 아이들의 동의를 받아 실었으며 무단복제를 금합니다.

감성 지수 UP · 탐구력 UP · 창의력 UP · 글쓰기 능력 UP

# 초등 집중력을 키우는
# 동시 쓰기의 힘

김진수 지음

• 프롤로그 •

# 집중해서
# 생각을 이끌어내는
# '글력' 수업

나는 안도현 시인의 〈스며드는 것〉이라는 시를 좋아한다.

살 속으로 스며드는 것을
한때의 어스름을
꽃게는 천천히 받아들였으리라.

꽃게의 살 속에 천천히 스며드는 간장을 '어스름'이라 표현하며, 늘 먹던 간장 게장을 달리 보게 만들었다. 시인의 놀라운 통찰력에서 일상을 새롭게 바라보는 관점을 한 수 배웠다.

안도현 시인의 시처럼 평범했던 일상에 집중하고 다른 관점으로 바라보니 새로운 경험을 할 수 있었다. 잠시 주변을 둘러본다. 온통 글감이다. 온통 시적 언어이다. 그저 보는 것이 아닌 그것에 푹 들어가 느낌을 적고 글을 쓰니 한 편의 시가 된다.

## 아이의 집중력을 키워 주는 동시 수업

아이들과 함께 시를 나누기로 한다. 교실 속 아이들과 집에 있는 자녀와 함께 관찰한 것을 시로 표현하는 연습을 한다. 글쓰기를 싫어했던 아이들이 한 자리에 앉아 1시간이 넘게 시를 쓴다.

나는 20년 동안 초등 교사로 재직 중이다. 2017년부터 우리 반 아이들에게 동시 쓰기를 가르치고 있다. 그것을 모아 동시집을 내니 많은 분들이 질문한다.

"어떻게 지도하셨나요? 아이들의 작품이 다 대단하네요."
"지도하는 데 참 오래 걸렸겠어요. 하면 좋은 점은 알겠는데 저는 그렇게까지는 못할 것 같아요."

반은 맞고 반은 틀리다. 아이들의 작품은 값으로도 환산할 수 없는 우주와도 같아 대단한 것이 맞다. 하지만 동시 쓰기 지도는 어렵지 않고, 조금만 도와주면 아이들은 잠재된 '글력(여기서는 집중해서 생각을 끌어내는 것이라고 표현하고 싶다)'을 마음껏 발휘할 수 있다.

아이들은 이미 시인이다. 나는 아이들 안에 있는 시를 바깥으로 끄집어낼 뿐이다. 아이들도 자신이 쓴 동시를 모아 작품을 만들어 주니 성취감을 느낀다. 계속 쓴다. 쓰고 또 쓰니 동시 쓰기에 재미를 느낀다.

## 일상을 다른 눈으로 바라보는 아이들

우리 아이들은 모두 특별한 생각을 지닌 다른 눈을 가졌다. 나는 그 다른 눈을 '관찰의 눈'이라고 부른다. 그것을 글로 표현하니 세상에서 하나뿐인 자신만의 글이 된다. 이상한 글이 아닌 다른 관점으로 바라본 다른 글이다. 글은 한 편의 시가 된다.

우리 반 혜린이라는 아이의 동시를 보고 신선한 충격을 받았다. 혜린이는 고장 난 연필깎이를 통해 삶을 바라볼 줄 아는 아이였다.

〈고장 난 연필깎이〉

돌려도 돌려도 깎이지 않는 연필

칼날은 어디 갔는지 손잡이만 뱅뱅

고장 난 연필깎이를 고치지 않으면

연필이 깎이지 않는 듯

잘못된 습관을 고치려 노력하지 않으면

잘못된 습관은 계속되는 것.

어떻게 이렇게 표현할 수 있을까? 우리가 똑같은 것을 보고도 특별한 삶을 살아갈 수 있는 비결은 '관점'에 있었다. 나의 마음과 주위를 다르게 바라보는 것, 시를 쓰며 그것을 알아가고 나누는 재미가 있다.

나는 이 책에 동시 쓰기 수업을 통해 그동안 아이들과 어떻게 유대 관계를 맺고, 아이들의 글쓰기를 지도했는지 적었다. 부모님 또는 선생님들이 어렵다고 여기는 동시 쓰기 지도 방법을 쉽게 이해할 수 있도록 제시했다. 모든 것을 그대로 따라할 필요는 없다. 자신에게 맞는 방법이 무엇인지 탐색하고, 지속해서 꾸준하고 일정하게 아이들과 함께할 수 있기를 바란다.

중요한 점은 아이들이 시를 쓰도록 가르치기보다는 그 안에 있는 뭔가를 편하게 끌어내도록 독려하는 것이다. 코칭에서 주로 이야기하는 인정, 지지, 격려, 칭찬, 공감을 무한대로 준다면, 아이들은 그에 보답할 것이다. 동시에 삶을 담고, 일상을 담고, 생각을 담고, 소망을 담아 자신만의 세상을 한 편의 동시로 이야기할 것이다.

- 자연을 벗 삼아 오감으로 쓰는 동시
- 스무고개로 자신을 표현하는 동시
- 살짝 소재만 바꿔 표현해 보는 짝꿍 동시
- 매일 쓰는 글(모닝페이지)을 시로 변환한 동시
- 챗GPT 등 인공지능을 활용해 표현한 동시
- 모둠 아이들, 학급 아이들과 함께하는 협동 동시
- 유행하는 노래를 빌려 표현한 동시
- 독후 활동으로 쓰는 독후 동시
- 인성 그림책을 읽고 자신의 감성을 담은 동시
- 작가와의 만남 후 그 감흥을 표현한 동시
- 교육 정리 활동으로 쓰는 동시
- 공모전을 활용하여 쓰는 동시

대략의 동시 짓기 커리큘럼이다. 이렇게 썼더니 1년에 대략 200여 편 이상의 동시가 나온다. 나는 이것을 모아서 《우리 반

시집 만들기 꼬마 작가 프로젝트》 동시집으로 출간한다.

그중 은서라는 아이는 이런 시를 썼다.

〈함께〉

함께 걸어서 좋은 길

함께 해서 좋은 일.

이 모든 게 함께 해서 좋아지는 일

줄다리기 할 때도 함께.

모든 일을 함께 하면

마음도 한마음.

함께 해서 좋다.

아이들의 1년 글쓰기 수업이 모두 동시와 연결되어 있었다. 동시집으로 출간해 화룡점정을 더했다. 동시집으로 마침표까지 찍고 나니 아이들도, 지도하는 나도 모두 함께 성장함을 느낀다. 아이를 키우고 가르치는 모든 어른들이 일상을 아이들과 함께 시처럼 살아내길 바란다.

동시와 아이들을 사랑하는

밀알샘 김진수

• 목차

**프롤로그** 집중해서 생각을 이끌어내는 '글력' 수업 · 004

# 1장.
# "산만한 아이,
# 왜 동시를 써야 할까?"
### 동시 쓰기의 필요성

동시 쓰기, 누구나 할 수 있어요 · 017
보고, 듣고, 느낀 모든 것의 집합체 · 022
쓰는 즐거움을 발견해요 · 028
아이들이 쓴 것에는 뭔가가 있어요 · 034
그림도 동시가 될 수 있어요 · 038
**동시 쓰는 아이로 키우기1** · 042

## 2장.
## "관찰하고 상상하고 질문하라"
### 동시로 집중력 키우기 1단계

| | |
|---|---|
| 오감을 활용해 자연을 관찰해요 | · 045 |
| 스무고개를 동시로 바꿔요 | · 053 |
| 짝꿍시, 동시에도 짝이 있어요 | · 063 |
| 짧은 생각을 동시로 연결해요 | · 072 |
| 인공지능과 함께 만드는 동시 | · 083 |
| 소통하며 협동시를 완성해요 | · 091 |
| 노래에서 동시 구조 찾기 | · 098 |
| **동시 쓰는 아이로 키우기2** | · 106 |

# 3장.
## "어휘력은 '짧은 글'에서 시작된다"
### 동시로 집중력 키우기 2단계

| | |
|---|---|
| 독후감 대신 독후시를 써요 | · 109 |
| 책에서 아이디어를 얻어요 | · 116 |
| 직접 가사를 써요 | · 121 |
| 시인을 직접 만나요 | · 125 |
| 수업 시간 마무리를 동시로 | · 132 |
| 출발은 작은 점에서 시작해요 | · 138 |
| 성취감을 높여 주는 글쓰기1 | · 145 |
| 성취감을 높여 주는 글쓰기2 | · 152 |
| **동시 쓰는 아이로 키우기3** | · 158 |

# 4장.
## "리듬을 더해 감성 지수를 높여라"
### 동시로 집중력 키우기 3단계

| | |
|---|---|
| 시도 쌓고 추억도 쌓아요 | · 161 |
| 노래의 힘, 동시의 힘 | · 171 |
| 어른이 먼저 해 봐요 | · 177 |
| 아이와 함께 가족 노래 만들기 | · 183 |
| **동시 쓰는 아이로 키우기4** | · 190 |

# 5장.
# "책으로 만들어 자신감을 키워라"
### 동시로 집중력 키우기 4단계

| | |
|---|---|
| 동시집 만들기 4단계 | · 193 |
| 생산성을 알려 주는 법 | · 202 |
| 전교생 꼬마 작가 만들기 | · 209 |
| 이젠 나도 시인이에요 | · 214 |
| **동시 쓰는 아이로 키우기5** | · 219 |

| | |
|---|---|
| **에필로그** 동시에서 찾은 아이들의 무한한 잠재력 | · 220 |
| **감사의 글** | · 225 |
| **부록** 초등 집중력을 키우는 동시 쓰기 로드맵 | · 227 |

# 1장.

## "산만한 아이, 왜 동시를 써야 할까?"

• 동시 쓰기의 필요성 •

# 동시 쓰기, 누구나 할 수 있어요

 남들은 '중2병'이 온다고 하지만 나에게는 그럴 여유가 없었다. 사춘기 중학생 시절, 그때는 점점 말수도 줄어들고 생각만 많았다. '인생이란 무엇인가?'라며 고민이 많았던 까까머리 시절에 한 편의 시를 만났다. 지금 보면 '저런 글도 시가 된다고?'라는 생각이 들만큼 참 웃긴 시다.

〈시험지〉

국어시험지 100점이란 점수 위에는

가, 나, 다, 라 알려주신

선생님의 은혜가 들어 있고,

수학 시험지 100점이란 점수 위에는
1, 2, 3, 4 알려주신
선생님의 은혜가 들어 있으며,

음악 시험지 100점이란 점수 위에는
도, 레, 미, 파 알려주신
선생님의 은혜가 들어 있다.

한문 시험지….
도덕 시험지….
과학 시험지….

우리가 그동안의 배웠던 모든 과목이 글로 변경되어 있었다. 심지어 이 시는 우리 학교 장원 시로써 1층 중앙 복도에 멋진 액자 안에 장식되었다. 그때 '시를 이렇게 써도 되는구나!'라는 사실을 깨달았다.

이 시를 만나기 전까지 '시'는 엄청나게 유려한 언어로 써야 하며 고독한 사색가에게 어울린다고 생각했다. 그것은 나의 오판이었다. 완벽한 판정승으로 진 기분이었다.

  중학생인 나는 시에 빠져서 한동안 시를 열심히 읽었다. 그러다 나도 문득 '시를 써 보자'라는 생각이 들었다. 액자에 비친 내 모습을 보고 시상이 떠올랐다.

<br>

인생이란 액자와 같다.<br>
겉에 집중하니 속이 보이지 않고<br>
속에 집중하니 겉이 보이지 않는다.<br>
겉과 속을 동시에 보기란 힘든 것인가 보다.

  이렇게 쓴 글도 시라고 할 수 있을까? 하지만 누군가의 판단이 중요하지 않았다. 그저 내가 하나의 시를 완성했다는 사실이 중요할 뿐이었다.

## 아이들과 함께 동시를 쓰다

  30년 뒤 지금은 어른이 되어 교실의 아이들과 시 쓰기 수업을 함께하고 있다. 초등교사가 된 지 10여 년이 흐르던 2017년부터 동시 쓰기 교육에 푹 빠져 살았다. 동시 한 편, 한 편에서 아이들의 마음을 들여다볼 수 있었다. 어떤 날에는 아이에게 직접적으로 물어서 대답을 듣는 것보다 아이의 마음을 더 깊이 이해할 수 있었다. 세상을 순수하게 바라보고 듣는 아이들의 귀한 눈과 귀가 부럽기까지 했다.

   내가 주제만 툭 던지면, 우리 반 꼬마 시인들은 그것을 받아서 자신만의 동심으로 소화를 시켰다. 아이들이 겪는 다양한 감정, 생각, 경험은 서로 다르기에 같은 주제라도 다양한 언어로 빚어 나왔다. 비록 아직 몇 년밖에 살지 않은 아이들이지만, 아이들만의 시상이 한 단어, 한 문장에 녹여지기에 세상에서 가장 빛나는 시가 되었다.

   내 인생 첫 시를 아이들에게 소개해 줄 때, 키득키득 웃는 아이들이 있었다.

**아이1**    저렇게 써도 시예요?

아마 아이들도 당시의 나와 똑같은 생각을 했나 보다.

**나**    그럼, 당연하지. 우리의 생각은 무엇이든 시가 될 수 있고말고.

아이들은 의아해하면서 내 말에 집중하기 시작했다. 우리 아이들에게 동시 쓰기의 맛을 알려 주리라 다짐한다.

**나**     여러분들은 올해 선생님과 함께 멋진 시 여행을 떠날 거예요. 준비되었나요? 이미 우리 친구들은 멋진 시인입니다. 다양한 활동을 통해서 조금씩 여러분들 안에 있는 시를 꺼내 보자고요.

내 인생 첫 시와 함께 '꼬마 시인 만들기' 여정은 그렇게 시작되었다.

◆ **초등 동시 쓰기 Tip** ◆

'시'는 엄청나게 유려한 언어로 써야 한다는 '편견'부터 깨는 것이 중요합니다. 특히나 아이들이 쓰는 시에는 단순하지만 힘이 있습니다. 그 자체로 충분한 시가 되지요. 무엇보다 아이들이 시를 쓰면서 자신의 감정, 생각, 경험에 집중하고, 그것을 표현할 줄 아는 능력이 자라납니다.

# 보고, 듣고, 느낀 모든 것의 집합체

　매일 아침, 아이들이 저마다 각기 다른 표정을 지으며 등교를 한다. 어제는 집에서 어떻게 지냈는지, 오늘 아침은 무엇을 먹고 왔는지, 등교하면서 누구와 함께 왔는지, 학교 오는 길에 어떤 즐거움이 있었는지 궁금하다.

　나는 교실에 들어오는 순간, 아이들에게 질문 세례를 한다. 저마다 경험하는 바가 다르기에 생각하는 바도 다르다. 그것은 글과 연결되어 읽고 쓰는 데 하나의 사슬로 이어진다.

　이렇게 아이들을 맞이하니 어느덧 9시가 된다. 9시가 되면 우리 반 아이 중 한 아이가 이렇게 큰 소리로 외친다.

"3정!"

모두 한목소리로 "독서"를 외치며 10분 동안 책을 읽는 시간이다.

나는 아이들에게 '3정 독서법'을 가르치고 있다. 3정 독서법이란 한 책에서 제시된 독서법인데, 이것을 교실에 가져와서 우리에게 맞게 활용하는 중이다.

정 – 정해진 시간에(9시)
정 – 정해진 장소에서(교실)
정 – 정숙한 분위기

이 10분이 참으로 귀하다. 이 순간만큼 우리는 그 누가 말려도 독서한다. 9시 10분, 국어책을 펼쳐야 하는데 고요히 책장을 넘기는 소리만 가득하다. 이 좋은 분위기를 깰 수 없다. 그러다 충분히 읽었는지 조금씩 어수선해진다. 이제 교과 수업을 하기 위해 이야기를 꺼낸다.

나   우리 국어책 준비할까요? 벌써 1교시가 시작되었어요.

**아이들**　아, 선생님. 책 조금만 더 읽으면 안 될까요? 뒷이야기가 너무 궁금한데.

　여기저기서 볼멘소리가 가득하다. 물론 모두가 그렇지는 않지만 아이들이 조금씩 책 읽는 즐거움을 알게 되는 듯한 기쁨의 소리다. 아이들 입에서 "책 읽고 싶다"라는 말이 나올 때 내 안에서 '행복 호르몬'이 터져 나온다.
　아이들 한 명, 한 명을 지그시 바라본다. 행복함을 가득 안고, '오늘은 책 읽는 것보다 더 재미있는 일을 할 예정'이라 말하며 아이들을 교과 수업으로 인도한다.

## 마음을 글로 표현하는 동시

　이날은 마니토, 비밀 친구를 뽑는 날이다. 비밀 친구는 내가 아이들과 항상 하고 있는 관계 개선 방법이다. 이날은 비밀 친구의 개념을 알려 주기 위해 아이들과 함께 우정에 관한 책을 읽었다. 그리고 친구의 장점을 충분히 관찰하며 서로를 향한 진심어린 사랑을 표현해 보았다.
　누가 누구를 마니토로 뽑았는지 발표하지 않기로 약속한다.

저마다 자신의 비밀 친구는 누구인지 두근거리는 마음으로 자리에 앉는다. 마니또 발표를 마쳤다. 얼굴이 상기된 친구들이 많다. 여기서 한 가지 기술이 들어간다.

| | |
|---|---|
| 나 | 우리 활동을 마치면 마무리로 뭘 하면 좋을까요? |
| 아이1 | 동시 쓰기요. |
| 나 | 맞아요. 바로 지금, 오늘의 감흥이 없어지기 전에 동시 쓰기로 마무리하려고 해요. 여러분들의 마음을 가득 담아서 동시로 표현해 주세요. |

아이들은 저마다의 느낌을 동시로 표현한다. 아이의 행복한 마음이 고스란히 한 편의 동시에서 느껴진다. 아이들의 동시 중에서 자신의 마음을 그대로 표현한 시가 보인다. 아이들과 함께 시를 쓰면서 알게 되었다. 아이들이 '쓴다는 행위'에 얼마나 즐거움을 느끼는지 말이다.

시를 쓰는 내내 싱글벙글한 시연이의 표정이 보인다. 이미 시연이의 그림에서 행복한 기운이 가득 느껴진다.

〈마니또 발표〉

마니또 발표 날이다

내 가슴이 두근두근

내 마음이 두근두근

누굴까?

와!

안대를 벗으니

내 절친 서우가 있다

나는 서우가 너무 좋다

다음은 은서의 시 〈선물〉이다. 이것이 진정한 '기버(받은 것보다 더 많이 주기를 좋아하는 사람)'의 정신이 아닌가 싶을 정도로 감동적이다. 한 편의 시가 주는 삶의 태도는 나를 한번 더 되돌아보게 만든다.

〈선물〉

마니또에게 선물을 주었더니

뿌듯함을 선물받았다

마니또에게 선물을 받았더니

행복함도 같이 선물받았다

나는 오늘 우정을 선물받았다

언제부턴가 우리는 "시 쓰자"라는 말에 기분 좋은 콧노래가 울려 퍼진다. 공책을 꺼내 이런 저런 생각을 모아 글을 쓰고, 종이에 색깔 펜으로 글과 그림으로 디자인하니 한 편의 시가 뚝딱 만들어진다.

말은 뚝딱이라 표현했지만 내 생각과 경험 등의 모든 것들이 사용되었기에 기가 쭉 빠지기도 한다. 하지만 막상 이렇게 완성되면 기분 좋은 에너지는 다시 샘솟듯 일어난다.

한 친구가 조심스럽게 오더니 이런 말을 한다.

| | |
|---|---|
| **아이3** | 선생님, 이름 옆에 작가라고 써도 될까요? 제가 스스로 썼으니 저도 작가거든요. |
| **나** | 그럼요. 우리는 모두 작가예요. 세상에 하나뿐인 시를 쓴 작가. 쓴다고 돈이 드는 것도 아니니 마음껏 많이 쓰세요. 작가님. |

◆ **초등 동시 쓰기 Tip** ◆

아이들은 자신이 무언가를 쓴다는 행위 자체를 매우 재미있어 하고 즐거워합니다. '작가'라는 타이틀을 주면 더욱 기분이 좋아서 한 편의 동시를 지으려고 노력한답니다.

# 쓰는 즐거움을 발견해요

하루하루 똑같은 일상을 살아 낸다. 밀린 업무들, 해야만 하는 수업들, 중간 중간 아이들의 다툼을 중재시키고, 매일 반복되는 생활지도 등 반드시 해야만 하는 일들이 내 하루를 가득 채운다. 내 안에서 무료함이 스멀스멀 끌어오른다.

그러던 중 프란츠 카프카의 "일상이 우리가 가진 인생의 전부다"라는 문장 하나가 내 가슴을 깊이 파고든다. 그 문장이 뇌리에 박히는 순간 나의 일상도, 아이들의 일상도 눈에 보인다. 온통 흐렸던 안개를 뚫고 따스한 햇살이 비춘 느낌이랄까, 그동안 반복되던 나의 일상이 다르게 느껴진다. 아이들의 일상도 의미

있게 다가온다.

그 느낌을 글로 쓰니 일상 가운데 의미가 새겨진다. 우리 아이들에게도 이 느낌을 함께 나누어야만 한다.

### 묻고 답하며 동시 완성하기

오늘도 어떻게 아이들에게 글쓰기의 매력을 느끼게 해 줄지 고민이다. 책 읽기를 좋아하던 세종대왕은 "고기는 씹을수록 맛이 난다. 그리고 책도 읽을수록 맛이 난다"라고 했다. 여기에 덧붙여 글쓰기도 쓸수록 맛이 난다는 것을 아이들에게 알려 주고 싶다.

동시를 어떻게 아이들이 즐겁게 읽고, 쓰며, 나눌 수 있을지 고민된다. 동시 쓰기는 참으로 아이들이 재미있고, 행복하게 꺼낼 수 있는 글쓰기 도구다.

나    우리 반은 어떤 반인 것 같아요?

질문 하나 던졌는데도 마치 시장에 온 것처럼 여기저기서 아이들이 너도나도 이야기한다.

| | |
|---|---|
| **아이들** | 재미있는 반이요. |
| **나** | 어떤 점이 재미있나요? |
| **아이1** | 그냥 다요. |
| **나** | 좀 더 구체적으로 이야기해 보면? |
| **아이2** | 일단 선생님 얼굴이 네모여서 재미있어요. |
| **나** | 하하하. |

아이들은 저마다의 이유를 붙여 가며 우리 반을 묘사한다.

| | |
|---|---|
| **나** | 우리가 지금까지 나눈 이야기를 토대로 시를 한번 써볼까요? 여러분들이 보았던 것, 들었던 것, 느꼈던 것을 그대로 써도 시가 되거든요. 쓰인 시에 그림을 넣으면 '시화(詩畫)'가 된답니다. 우리들의 느낌을 그대로 시로 표현해 볼까요? |

은규는 〈밀알 반〉이라는 제목으로 시를 쓰고 그림을 그렸다.

〈밀알 반〉

나는 내가 밀알반이어서 행복합니다.

나는 내가 밀알샘을 만나서 행복합니다.

나는 내가 밀알만 들어도 정말 정말 행복합니다.

나는 내가 앞으로도 쭉

밀알반이면 참 좋을 것 같습니다.

밀알반, 모두 모두 행복하길 바랍니다.

이토록 기분 좋은 시가 있을까? 아이의 행복감이 나에게 전해진다. 은규는 시를 쓰면서 자신의 느낌을 그대로 표현할 수 있다며 좋아한다. 다른 아이도 나에게 덧붙여 말한다.

**아이3**  글을 쓰라고 하면 왠지 불편함부터 생겨요. 근데 동시를 쓴다고 하니 예술 작품을 만드는 것 같은 느낌이 들어요. 단 한 줄을 써도 작품이 될 수 있으니까, 부담이 없어요.

'부담이 없다'라는 친구의 말에 다른 아이들도 손을 든다.

**아이4**  선생님, 그런데 혼자 쓰려니 아이디어가 떠오르지 않는데 친구와 함께해도 될까요?

**나**  그렇구나. 다른 친구들 생각은 어떨까?

**아이5**  저도 함께하고 싶어요. 동이와 함께 술래잡기한 것이 생각나서 둘이 머리를 맞대면 좋은 시가 나올 것 같아요.

아이들이 이런 의미 있는 제안을 할 때마다 기분이 좋다. 바로 "오케이"라고 대답하기보다는 고민을 하는 척 연기한다. 어차피 들어줄 의견이었지만 조금 쉬고 들어주면 효과 만점이다.

결국, 나는 아이들이 선택할 수 있도록 한다. 혼자서도 잘할 수 있는 친구는 혼자서, 둘이 해 보고 싶은 친구는 둘이 함께할 수 있도록 한다. 아이들은 각자의 방식으로 종이에 자신만의 시상을 마음껏 펼친다.

아이1   선생님, 종이는 꼭 A4 용지에 해야 하나요? 8절지에 하고 싶거든요.

나   원하는 종이에 표현해도 좋아요. A4, 색지, 8절지, 4절지, 전지까지 준비되어 있으니까 마음대로 하세요.

억지가 아닌 의지로, 불평이 아닌 만족감을 가지며, 시간 때우기가 아닌 시간을 창조하는 시 쓰는 시간을 아이들은 어느 순간부터 좋아하게 되었다.

우리 반 주노라는 아이는 〈난 행복합니다〉라고 제목을 짓고 동시를 썼다.

〈난 행복합니다〉
나는 행복합니다.
마음을 나눌 수 있어,
글을 쓸 수 있어
난 행복합니다.

글에서 행복을 발견한다. 시는 마음의 언어라는 말이 참이었다. 덕분에 행복지수가 높아진다. 교실에는 우리들의 행복이 시와 함께 흘러넘친다. 넘치는 행복 덕분에 첫 만남부터 마지막 만나는 날까지 평범했던 일상이 뭔가 특별해진다.

◆ **초등 동시 쓰기 Tip** ◆

아이들에게 동시는 허용이 넓은 글이에요. 어떤 글을 써도 시적 표현이 되니, '멋지다'라고 말해 줄 수 있지요. 그래서인지 아이들은 오히려 동시를 쓰는 데 부담 없어 합니다.

# 아이들이 쓴 것에는 뭔가가 있어요

겨울이 다가오면 소아청소년과는 분주하다. 주사 맞는 아이들로 붐비고 여기저기서 아이들의 울음소리가 한창이다. 이런 가운데 우리 집 첫째는 수첩을 꺼내 들고 무언가 적고 있다.

나　　뭘 적고 있어?

첫째　아직 완성은 안 되었지만, 시상이 떠올랐어요. 조금 있다가 보여드릴게요.

나는 학교에서는 선생님이지만 집에서는 두 아이의 아빠다.

우리 집에도 초등학생인 아이 둘이 있다. 학교에서 하듯이 집에서도 아이들과 함께 동시 쓰기를 한다.

  나와 함께 동시 쓰기를 하고 난 뒤부터 첫째는 시상이 떠오르면 언제부턴가 잠시 멈춰 글을 적는다. 아이가 스스로 글을 쓸 것이라고는 전혀 생각지도 못했다. 하지만 동시 쓰기의 재미에 푹 빠졌는지, 아이는 시키지 않아도 알아서 동시 쓰기를 하고 있다. 교육자로서 살아온 나는 이제는 안다. 아이들이 쓰고 그린 것에는 분명히 뭔가가 있다는 이오덕 선생의 말씀이 어떤 의미였는지를.

  첫째는 독감 주사를 씩씩하게 맞고 차 안에서 시를 완성한다.

**첫째**    아빠, 시가 드디어 완성되었어요. 한번 들어보세요.

〈주사야 안녕〉
병원 도착하면
쿵쾅 쿵쾅
무서움이 나에게 다가와서
"꿀꺽" 나를 삼켜 버린다.
막상 주사 맞고 씩씩하게 나오면
내가 무서움을 삼킨다.

| 나 | 와, 한편의 서사시가 완성되었네. 무엇보다 주사를 통해 삼킨다고 표현하다니. 너의 감수성에 박수를 보내고 싶네.

첫째는 이렇게 뚝딱 시를 완성해 어느덧 50여 개의 시를 지었다.

사실 처음부터 우리 집 아이들과 그리고 교편을 잡고 있는 곳의 아이들과 동시 쓰기를 하지는 않았다. 교직 경력 12년 만에 아이들이 쓰고 있는 글에 관심이 갔다. 정확하게 표현하자면 그 안에 있는 의미를 발견하게 되었다. 부끄럽지만 그때부터 나의 교육관이 제대로 자리를 잡을 수 있었다.

아이들의 글에 눈과 귀를 기울이니 우주와 같은 신비한 체험을 한다. 누군가는 드넓은 초원에서 수많은 동물과 뛰어놀고, 누군가는 빗속에서 즐거운 음악을 들으며 신나게 춤을 춘다. 모두 아이들의 동시 안에서 벌어지는 일이다.
  한 단어를 써도, 점 하나를 찍어도 아이들의 세계에서 또 다른 삶의 의미를 발견한다. 괜스레 눈물이 난다. 지난 세월 동안 함께했으나 지금처럼 가르쳐 주지 못한 아이들에게 미안하기 때문이다. 그리고 이제라도 알게 되어서 감사하다는 고백의 눈물이 흐른다.

◆ **초등 동시 쓰기 Tip** ◆

아이들은 동시 쓰기가 습관이 되면 일상에서 새롭게 겪은 일을 시로 쓰겠다는 마음을 먹어요. 난생처음 주사를 맞아 너무 아픈 일, 그래서 무서웠던 마음을 시로 표현할 수 있는 아이라면 어떤 경험이든 적극적으로 맞이하려 하겠지요.

# 그림도 동시가 될 수 있어요

아이들이 좋아하는 미술 시간이다. 우리는 색의 명도를 이해하기 위해 밤하늘을 그린다. 우리 반 아이, 지유는 노란색을 골라 물의 양을 조절하여 붓으로 가로선을 그려 간다. 물의 양만 조절했는데도 멋진 노을이 완성된다. 여기에 검은색을 활용하여 하나의 언덕을 그리고 사람을 그려 작품을 완성한다.

**나**    우와, 밤하늘이 이렇게나 아름답다니. 노을을 바라보는 주인공은 무슨 생각을 하고 있는지 궁금하네.

**지유**  그냥 그려본 건데, 헤헤.

| 나 | 그래? 선생님은 지유의 모습이 보이는 것 같은데? 우리 함께 밤하늘을 보는 상상을 해 볼까? |
|---|---|
| 지유 | 어떻게요? |
| 나 | 함께 눈감아 보자. 선생님 따라서 상상의 그림을 그려 보렴. 광채가 빛나는 노을이 보이지? 우리는 지금 언덕 위에 올라와서 따뜻한 봄바람을 느끼며 노을이 지는 모습을 보고 있어. 노을을 바라보니 생각에 잠긴 나를 만나지. |

우리는 1분 동안 아무 말도 하지 않는다.

| 나 | 자. 이제 눈을 떠 볼까? 무슨 생각이 들었니? |
|---|---|
| 지유 | 빛을 생각하고 있었어요. 우리를 향한 빛을요. |
| 나 | 그 빛을 좀 더 구체적으로 말해 줄 수 있을까? |
| 지유 | 혼자서는 뭔가 두려워서 못하지만 함께하니 뭔가 할 수 있을 것 같은 그런 것……. |
| 나 | 오호라, 함께하는 기쁨의 빛이네. 작품이 잘 마르면 우리 여기에 지유가 말한 것을 시로 표현해 보면 어떨까? |
| 지유 | 작품에 바로 써도 돼요? |

| 나 | 그럼, 되고말고. 무엇을 활용해서 쓰면 좋을까? |
| 지유 | 음, 붓펜 어떨까요? |
| 나 | 붓펜, 좋네. 아마 멋진 시화가 완성될 것 같구나. |

작품이 마를 때까지 옆에서 떠나지 않는다. 벌써 시상이 떠올랐겠지. 쓰고 싶어 하는 모습이 멀리서도 느껴진다.

지유는 조용히 자신의 일을 묵묵히 하는 아이다. 자신의 생각을 잘 내색하지는 않지만 항상 내 주위에 와서 선생님이 무엇을 하는지 조용히 관찰한다. 나는 그런 지유에게 말이라도 걸어 볼 겸 내가 하고 있는 일을 자연스럽게 말해 준다.

지유는 듣다가 관심이 떨어진 듯 조용히 자리에 가서 묵묵히 뭔가를 한다. 이번에는 내 차례다. 동시를 쓰는 지유를 조용히 관찰한다. 나를 의식한 듯 대충 쓰고 있던 글씨가 조금씩 반듯해진다. 나와 나눈 이야기 속에서 한 편의 시를 꺼내는 지유. 지유가 쓴 시 구절은 이렇다.

불빛이 있어서 빛나는 게 아니라
우리가 있어서 빛나는 거야.

이렇게 우리는 함께 빛나고 있다. 아이들의 모습 속에 빛이 있음을 알게 되니 함부로 대할 수가 없다. 작품 하나하나가 소중하기에 나의 작품을 대하듯 아이들을 대한다.

뼈대가 세워질 때까지는 비슷하게 자라지만 어떤 마음으로 뼈대에 무엇을 감싸주느냐에 따라 작품의 질은 달라진다. 대략적인 모양을 만들고 이제 그것을 하나하나 손으로 직접 만져 주면서 작품을 완성한다.

아이들의 삶은 조각과도 같기에 사소한 것이 전혀 없다. 모두가 의미 있고, 그 의미를 바라보는 어른의 안목으로 작품은 완성된다. 아이들이 쓰고 그린 것에는 분명히 뭔가가 있었다.

◆ **초등 동시 쓰기 Tip** ◆

아이들의 상상력은 어른이 생각하는 것보다 무궁무진합니다. 노을을 떠올리는 아이의 머릿속에는 아름다운 빛이 비칩니다. 불빛이 있어서 빛나는 게 아니라 우리가 있어서 빛난다는 표현까지 할 수 있게 되지요.

## 동시 쓰는
## 아이로 키우기     1

- '시'는 엄청나게 유려한 언어로 써야 한다는 '편견'부터 깨는 것이 중요하다. 특히나 아이들이 쓰는 시에는 단순하지만 힘이 있다.

- 아이들은 자신이 무언가를 쓴다는 행위 자체를 매우 재미있어 하고 즐거워한다. '작가'라는 타이틀을 주면 더욱 기분이 좋아서 한 편의 동시를 지으려고 노력하는 것이 아이다.

- 동시는 어떤 글을 써도 시적 허용을 할 수 있다. 아이가 어떤 것을 쓰더라도 칭찬할 수 있기 때문에 오히려 동시를 쓰는 데 부담 없어 한다.

- 동시 쓰기가 습관이 되면 일상에서 새롭게 겪는 일로 시를 쓰겠다는 마음을 먹기도 한다. 아이는 동시로 일상에서 어떤 경험이든 적극적으로 맞이하려는 자세를 키울 수 있다.

- 아이들의 상상력은 어른이 생각하는 것보다 무궁무진하다. 아이의 상상력을 가장 잘 키울 수 있는 동시 쓰기를 활용하자.

# 2장.

## "관찰하고 상상하고 질문하라"

• 동시로 집중력 키우기 **1단계** •

# 오감을 활용해 자연을 관찰해요

3월 2일 개학 첫날이다. 긴장되는지 아이들의 표정이 굳어 있다. 간단하게 내 소개를 하고 동시 하나를 보여 준다. 초등학교 3학년 국어 교과서에 나온 오순택의 〈소나기〉를 읽는다. 소나기가 오는 장면을 콩과 실로폰 소리에 비유해서 표현한 동시다.

또 다른 동시를 읽는다. 강현호 시인의 〈강아지풀〉이다. 풀숲에서 귀여운 강아지를 만났다는 표현으로 강아지풀을 묘사한 동시이다. 아이들에게 시를 들은 느낌이 어떠냐고 물었다.

| | |
|---|---|
| 나 | 선생님이 두 개의 동시를 읽었는데, 어떤 느낌이 드는지 발표해 볼까요? |
| 아이1 | 비유를 잘 들은 것 같아요. |
| 아이2 | 소나기를 잘 익은 콩으로 표현한 것이 재미있어요. |
| 아이3 | 저는 〈강아지풀〉 동시를 들으면서 우리 집 초코가 생각이 났어요. |
| 아이4 | 자연을 글로 옮겨 담은 것 같아요. |
| 나 | 그렇군요. 우리 친구들 모두 잘 이야기했어요. 선생님은 동시 쓰기를 무척 좋아해요. 쉽게 표현하자면 여러분들 안에 있는 동시 언어를 좋아하지요. 동시 언어를 발견해 보기 위해서 운동장에 나가려고 하는데, 어때요? |
| 아이들 | 와! 운동장이요? 정말 좋아요. |
| 나 | 운동장에 가는 목적이 있어요. 놀러 가는 것은 아니고, 선생님과 함께 운동장 모래도 밟고, 나무도 보면서 자연이 우리에게 들려주는 소리에 귀를 기울일 거예요. 공책과 연필만 준비해서 우리 나가 볼까요? |
| 아이들 | 네! |

아이들은 하나같이 미소를 지으며 운동장으로 나간다. 아이들도 운동장을 좋아하지만 나도 운동장을 좋아한다. 운동장은 아이들에게 있어 즐거운 기억을 담아 주는 곳이기 때문이다. 특히 아이들이 새학년, 새학기에 느끼는 긴장감을 풀어 주는 데에는 운동장이 최적의 장소다.

우리는 운동장 한가운데서 잠시 눈을 감고 햇살을 느껴 본다.

**나**     우리 함께 눈을 감고 따뜻한 햇볕에 풍덩 빠져보아요. 따뜻한 기운이 느껴지나요? 우리들의 감각은 이렇게 자연을 벗 삼아 살아 있답니다.

**윤슬**     선생님, 바람도 느껴지는데요.

**나**     우리 윤슬이가 바람을 느꼈구나. 선생님도 느껴지는걸. 이제 눈을 뜨고 여러분이 느낀 것을 글이나 그림으로 표현할 거예요. 따뜻한 햇살, 불어오는 바람, 저기 보이는 나무와 식물의 이야기도 들어 보세요. 분명히 나에게 하는 말이 있을 거예요.

**설현**     선생님, 우리가 밟고 있는 땅도 이야기해 줄까요?

**나**     물론이죠. 우리고 보고, 듣고, 느끼는 모든 오감이 바로 우리에게 이야기해 줄 거예요. 거창하지 않아도 괜찮아요. 그저 들리는 소리를, 지금 나에게 주는 영감을 글이나 그림 또는 소리로 표현해 보세요. 자 출발!

　아이들은 저마다의 방법으로 자연과 소통을 한다. 벌써 펜을 끄적거리는 아이가 있고, 친구들과 "나 잡아 봐라" 하면서 달리고, 또 달리는 아이들도 있다.
　나무를 안아 보는 아이, 식물의 잎사귀에 살포시 손가락 끝을 대고 청진기처럼 마음과 마음을 연결하는 흉내를 내는 아이, 땅에 귀를 대고 무슨 소리가 나는 것처럼 두 눈동자를 이리저리 굴리는 듯한 아이 등 이 시간만큼은 모든 것을 잊고 자연의 소리에 귀를 기울인다.

**나**　자 우리 친구들 모여 보세요. 어떤 소리를 들었는지 잠시 말해 볼까요? 한 명씩 짝을 지어서 이야기를 나누어 보세요. 내 이야기를 들어줘서 고맙다는 뜻으로 친구의 노트에 자신의 이름을 적어 볼까요? 선생님 신호에 맞춰서 3분 동안 세 명을 따로따로 만나 이야기를 나눌 거예요. 1분에 한 명씩, 자 음악에 맞춰서 시작!

교사인 나도 아이들 사이에서 함께 이야기를 나눈다. 땅, 작은 나무, 돌멩이, 잔디, 바람 등 많은 자연 벗과 진짜 대화를 나눈 것 같이 글을 쓴 아이도 있다. 그림을 그린 아이, 글을 쓴 아이, 벌써 시인처럼 쓴 아이도 있다.

## 아이들의
## 광활한 상상의 세계

운동장에서 교실로 자리를 옮겨, 아이들이 쓴 글과 그림을 동시로 바꿔 본다. 먼저 공책으로 충분히 연습한 뒤 A4 용지에 색깔 펜을 활용하여 쓰는 식이다. 글을 시로 변환할 때는 중요한 문장에 밑줄을 긋고 행과 연을 나눈 다음 옮겨 적으면 된다.

몇 개의 예시를 보여 주니 아이들은 곧잘 따라한다. 보여 주기만큼 좋은 것이 없다. 몇몇 아이들이 적은 것을 토대로 행과 연을 나눠 주니 이해가 되나 보다.

나  이해한 친구는 스스로 한번 해보세요. 아직도 모르겠는 친구가 있다면 다른 친구에게 도움을 요청해도 되고, 선생님께 언제든지 질문해도 됩니다. 밑줄 마음껏 그어줄 준비가 되어 있거든요.

저마다 용기를 내어 스스로 행과 연을 표현해 보기도 한다. 이것도 용기다. 이렇게 저렇게 하라는 지시 대신, 시키는 것에서 벗어나는 첫걸음을 떼어 보는 아이들. 여기저기서 "아하!"라는 말이 들릴 때 어느덧 나 역시 아이들 마음속에 풍덩 빠져 광활한 상상의 세계를 펼치는 느낌이 든다.

세상에 하나뿐인 감각적인 시들이 탄생하는 순간이다. 그중 설현이의 동시를 보고 깜짝 놀란다.

〈이제는 내 차례야〉
땅은 힘들겠다.
나무도 잡아주고
사람을 받쳐주고
새싹도 나게 해주고
이제는 내가 너를 들어 줄게.

땅이 힘들겠다고 생각하다니, 배려심이 가득하다. 그 누구보다 길을 걸을 때 사뿐사뿐 걸어갈 아이의 모습이 그려진다. 이 시를 만난 뒤로 운동화의 앞쪽이 좀 더 일찍 닳은 것을 보니 나에게도 영향을 준 듯하다.

운동장에서 바람을 느낀 윤슬이는 이렇게 한 편의 시를 완성했다.

〈바람은 어디에〉
바람은 어디에?
삼바 추는 브라질에

바람은 어디에?
자유의 여신상이 있는 미국에

바람은 어디에?
아무 데나 돌아다녀.

바람은 좋겠다.
코로나 시대에 돌아다녀서.

코로나 시대에 이곳저곳 여행을 다니지 못했던 아이는 바람을 맞으며 자유롭기를 갈망한다. 그러한 마음을 시로 표현한 점이 눈에 띈다.

아이들은 저마다 자신만의 감각적인 표현으로 자연과 소통한다. 다음은 나무를 향한 유승이의 생각이 돋보이는 동시다.

〈나무〉

겨울에는 잎이 없어 춥겠고

여름에는 잎이 있어 덥겠구나.

그래도

나무 네가 좋으면 돼.

나무 자체로 좋으면 추위도, 더위도 괜찮다는 아이의 생각이 멋지지 않은가? 어른들이 자연을 바라볼 때 이런 아이의 눈으로 바라본다면 어떠할까?

아이의 눈은 그만큼 자연을 담은 커다란 숲임이 분명하다. 그 숲에서 아이들과 함께 동고동락하며 오늘도 나는 동시 쓰기에 진심을 담고 있다.

◆ 초등 동시 쓰기 Tip ◆

아이들의 동시는 세상을 자신만의 눈으로 순수하게 바라볼 줄 아는 시기에 더욱 빛을 발합니다. 이 시기에 동시로 자신의 감성을 남겨 놓는 일만큼 중요한 일이 어디 있을까요?

# 스무고개를 동시로 바꿔요

매일 조금이라도 책을 읽지 않으면 뭔가 허전하다. 이젠 독서가 몸에 밴 것 같다. 독서가가 되면서 참으로 반가웠던 사실 하나가 있다면 그 누구도 아닌 '나'에 집중할 수 있다는 사실이다.

책을 읽으면 질문을 많이 한다. 혼잣말도 많이 하고 생각도 많이 한다. 생각이 달아나기 전 잠시 가던 길을 멈추고 벤치에 앉아 핸드폰에 글을 적기도 한다. 집에 있다면 컴퓨터를 켜고 나만의 생각 방인 블로그에 로그인하여 '밀알샘의 생각' 카테고리에 한 편의 글을 적는다.

글을 쓰면서 '나'를 자주 만난다. 내가 무엇을 좋아하는지, 어떤 생각을 하며 살고 있는지, 어떤 삶을 살기를 원하는지… 글을 쓸수록 스스로에게 집중하고 내가 나를 더 사랑할 수 있는 용기가 생긴다. 사랑도 용기가 필요하다. 거저 되지 않는다. 학급에서 만나는 우리 아이들에게도 나를 사랑하는 용기를 알려 주고 싶은 마음이다.

## 스무고개로
## 나를 표현하는 시간

그림책 코비야마다의 《나의 아기 오리에게》를 아이들에게 낭독한다. 이 책 속에는 아이들에게 들려주고 싶은 이야기가 가득하다.

> **기억해. 네가 아주 많은 것을 지녔다는 걸.**
> **네겐 나누어 가질 많은 재능이 있다는 걸.**
> **네 삶은 네가 꿈꾸던 그 모습이 될 거야.**

듣기만 해도 뭔가 자신감이 생기는 것 같다. 어쩌면 이런 말들은 나에게 해 주고 싶은 말일 것이다. 과거의 억눌려 있던 자아가 알을 깨고 세상과 만날 때의 두려움을 이겨낼 수 있도록 나에게 하는 말들. 나를 만난다는 것은 어쩌면 세상을 만나는 일보다 훨씬 큰 것이 분명하다.

오늘도 나는 아이들의 꿈을 꺼내 주는 일을 한다.

**나**    자, 선생님이 퀴즈를 내 볼 테니 한번 맞춰 보세요.

나도 밥 먹을 줄 압니다.
나도 잘 줄 압니다.
나는 똥도 쌀 줄 알아요.
나도 식구가 있습니다.
나도 집이 있습니다.
나도 숨을 쉽니다.
나는 눈물도 흘려요.
나는 누구일까요?

**아이1**    민재 얘기 아니에요?
**아이들**    하하하.

아이들이 한바탕 웃더니, 손을 번쩍 들고 자기를 시켜 달라고 아우성친다.

| 아이2 | 선생님, 잘 모르겠어요. 힌트를 조금 주시면 안 될까요? |
|---|---|
| 나 | 스무고개 질문을 해보세요. 그럼 힌트가 되겠죠. |
| 아이2 | 사람보다 큰가요? |
| 나 | 아니요. |
| 아이3 | 먹을 수 있나요? |
| 나 | 아니요. |
| 아이4 | 벌레인가요? |
| 나 | 맞아요. |
| 아이4 | 몸이 딱딱한가요? |
| 나 | 네. |

갑자기 여기저기서 "정답!"이라 외치며 아이들이 손을 번쩍 든다. 자신을 시켜 주지 않으면 금방이라도 울 것 같은 표정으로 "선생님 제발이요"라는 소리까지 들린다. 나는 정현이를 지목한다. 아이들의 탄식의 소리가 가득하다.

| 정현 | 벌레 같은데, 딱정벌레요! |
|---|---|
| 나 | 빙고. 바로 맞추다니 대단한걸. |

갑자기 용현이가 손을 번쩍 든다. 뭔가 생각이 떠올랐나 보다. 용현이는 수업 중에도 뭔가 재밌는 일이 생각이 나면 이렇게 손을 번쩍 들어 내가 시켜 주기만을 바라는 아이다.

| | |
|---|---|
| 나 | 용현이, 무슨 이야기를 하려고? 한번 말해 볼까요? |
| 용현 | 선생님, 저희 이번 시간에 스무고개 하면 안 될까요? 재미있잖아요. |
| 나 | 그러잖아도 이번 시간에 스무고개를 충분히 해 보려고 했어요. |

모든 아이가 일제히 "와!"라는 소리를 내며 즐거운 표정을 짓는다. 나는 두 팔을 벌려 마치 지휘를 하듯 손짓으로 아이들의 소리를 잠재운다. 그리고 이어서 이야기한다.

| | |
|---|---|
| 나 | 스무고개로 시를 만들 수 있을까요? |
| 아이들 | 에이, 선생님. 스무고개로 어떻게 시를 써요. 그건 그냥 놀이잖아요. 그럼, 누구나 쉽게 시를 쓰겠는걸요. |

아이들도 저마다 웃는다. 나도 함께 웃고 이야기를 이어 간다.

| 나 | 선생님이 한 편의 시를 보여 줄게요. 놀라지 마시길. 제목은 김용택 시인의 〈딱정벌레〉입니다. |
| 아이1 | 선생님, 아까 선생님께서 내주신 퀴즈잖아요. 이게 시였어요? |
| 아이2 | 선생님 진짜네요. 스무고개도 시가 될 수 있네요. |
| 나 | 그럼요. 시란 여러분이 이미 말한 것처럼 스무고개를 활용해서 쓸 수도 있답니다. 동시는 이렇게 어렵지 않아요. |

누군가 이야기를 하면 계속 말꼬리를 이어가는 성주도 자신 있게 큰 소리로 말한다.

| 아이3 | 스무고개라면 자신 있어요. 매일 하나씩 쓸 수 있을 것 같아요! |
| 아이4 | 그러면 선생님. 전 이미 다 썼네요. 제 작품 한번 낭독하겠습니다. 제목 맞춰 보세요. |

나는 눈물도 흘려요.
나도 가족이 있습니다.
나도 감정이 있습니다.

나도 사랑을 합니다.

나는 누구일까요?

**아이2**   야, 너무 어려워. 그냥 내 이야기를 하고 있잖아.
**아이4**   힌트를 주자면 요즘 우리가 부르는 노래야.

아이들은 잠시 흥얼거리며 허밍으로 노래를 한다.

**아이2**   설마, 개똥벌레?
**아이4**   맞았어.

나는 기타를 들고 와서 〈개똥벌레〉를 반주한다. 아이들은 그 어느 때보다 큰 목소리로 합창한다.

**나**   ♬ 가지 마라, 가지 마라, 가지 말아라. 나를 위해 한 번만 노래를 해주렴.

어느덧 아이들은 저마다 공책을 꺼내어 스무고개 시를 짓는다. 아이들은 저렇게 신나게 자신을 표현하고 있는데, 나는 나를 무엇으로 표현할 수 있을까? 내가 좋아하는 것은 무엇일까?

사람들은 나를 어떻게 바라보고 나와 연결이 되어 있을까? 나도 공책을 꺼내 혼자서 골똘히 생각에 잠긴 친구 옆에 앉아 끄적끄적 써 본다.

어느덧 시간이 되었는지 교실이 조금씩 왁자지껄하다. 우리 반 친구들 모두 자신을 어떻게 표현했는지 발표해 본다. 지선이 차례다. 모두 숨죽이며 듣는다. 지선이는 목소리가 작다. 그럼에도 자신의 속도로, 자신의 목소리로 한 문장, 한 문장 또박또박 읽는다.

나도 친구가 있어요.
나는 느려요.
나는 눈물도 흘려요.
나도 가족이 있어요.
나도 좋은 것, 나쁜 것을 알아요.
나는 사랑할 줄 알아요.

나는 달팽이입니다.

마지막 문장을 마칠 때 모두가 우레와 같은 기립 박수로 화답

한다. 그동안 들은 목소리 중 가장 힘이 있고, 사랑이 가득했기 때문이렷다. 누군가가 보기에는 지선이가 느려 보일 수도 있지만, 지선이는 묵묵히 자신의 걸음으로 움직이고 있었다.

## 행복을 전하는 동시

모두 발표를 마치고 한 아이, 한 아이 얼굴을 보는데 괜스레 눈물이 난다. 각자의 재능을 풍성히 가진 아이들이 서로 다른 개성을 마음껏 인정하고 존중하며 웃음 가득한 교실 풍경이 만들어진다. 우리 아이들 덕분이다. 내가 이렇게 교실 안에서 행복할 수 있는 비결은 바로 아이들이다.

아이1 선생님, 이제 선생님 차례예요.
나  아, 맞다. 자, 선생님도 발표해 볼게요. 누군지 맞춰 보세요.

     나는 각이 있어요

아이들 선생님!

이제 한 문장인데 벌써 맞추다니, 역시 우리는 통해도 너무 잘 통한다.

나는 각이 있어요.

나는 꿈이 있어요.

나는 아이들을 좋아해요.

나는 책이 좋아요.

나는 글이 좋아요.

나는 성장이 좋아요.

나는 마술이 좋아요.

나는 함께하는 것이 좋아요.

나는 지금이 좋아요.


나는 밀알샘이에요.


◆ **초등 동시 쓰기 Tip** ◆

스무고개는 아이들에게 어떤 생각을 계속 할 수 있도록 하는 재미있는 질문놀이입니다. 그렇게 질문하는 과정이 하나의 동시가 될 수 있다는 사실에 아이들은 신기해하지요. 이러한 의외성이 동시가 지닌 매력 중에 하나라고 생각합니다. 아이들이 의외의 생각을 멋진 동시로 지어볼 수 있도록 도와주세요.

# 짝꿍시, 동시에도 짝이 있어요

어린 시절을 생각해 보면 설레던 순간이 참 많았다. 특히 새로운 짝꿍을 정하는 날이면 누가 내 짝꿍이 될지 늘 기대했다. 그날은 꼭 챙겨 먹던 아침밥도 거르고 평소의 종종걸음이 아닌 빠른 걸음으로 학교에 가곤 했다.

교실 문을 열면 아이들도 나와 한마음인 듯 이미 자리가 가득 차 있었다. 선생님께서 들어오시고 드디어 짝꿍이 정해지던 그날을 아직도 나는 기억한다.

동시에도 짝이 있다. 아니, '짝꿍시'를 지을 수 있다.

## 각자의 언어로
## 표현하는 짝꿍시

짝꿍시란 별것이 아니다. 이미 시중에는 《마음이 예뻐지는 정지용 동시, 따라 쓰는 짝꿍시》, 《마음이 예뻐지는 윤동주 동시, 따라 쓰는 짝꿍시》 등 〈어린이 나무 생각〉에서 따라 쓰는 시리즈로 나온다.

국어 시간, 학기 초 1단원을 펼치면 어김없이 나오는 것이 바로 동시다. 책에 시가 나오면 어김없이 우리는 짝꿍시로 그것을 소화한다. 나는 동시를 읽어 주고 이렇게 이야기한다.

**나**      오, 좋은걸. 이 동시를 읽고 여러분들이 어떻게 자신의 언어로 바꿀지 기대가 되는데?

청개구리에서 발행된 박방희 동시집 《참 좋은 풍경》을 좋아하는데 어느 해 교과서에 실린 것을 보았다. 참으로 반가운 손님을 맞이하듯 수없이 되뇌었던 시집, 그중에서 즐겨 읽던 〈함께 쓰는 우산〉이 나를 반기기라도 하듯 교과서 맨 앞쪽에 실려 있었다.

'친구와 나눠 쓴 우산'으로 시작해서 '비 젖은 반도 따뜻하고 시린 반도 따뜻하고'로 마무리된다. 친구와 우산을 함께 쓰면

좁은 공간에 둘이 함께 있으므로 반은 젖고 반은 안 젖는 경험은 누구나 있을 것이다. 박방희 작가는 이런 단순한 일상 속 따뜻한 포인트를 잡아서 우리에게 좋은 시로 마음 한편을 녹여 주었다.

| 나 | 우리, 이런 시를 읽었는데, 여기에 어울리는 짝꿍시를 써 볼까요? 여기서 남기고 싶은 낱말이나 단어가 있다면 어떤 것이 있을까요? |
|---|---|
| 아이1 | '우산'이요. |
| 아이2 | '함께'요. |
| 아이3 | 음, 그렇다면 저는 '쓰… 는'…. |
| 나 | 다 좋은걸. 다양한 이야기가 나왔네요. 이 중에서 가장 많은 이야기가 나온 '함께'라는 단어에 관한 짝꿍시를 지어볼까요? 우리 친구들이 번뜩이는 좋은 아이디어를 모아 주세요. |

아이들은 저마다 곰곰이 생각을 정리하는 중이다. 뭔가 생각이 난 듯 교실 곳곳에 쓱쓱 글을 쓰는 소리가 또렷하게 들린다. 때론 뭔가 생각이 나지 않는지 지우개로 쓱싹쓱싹 지우는 친구도 보인다. 지우개 가루가 교실 곳곳에 뿌려져도 좋다. 지금, 이

시간은 세상에서 하나뿐인 우리만의 시가 탄생하는 순간이기 때문이다.

아직 빈 페이지로 생각에서 벗어나지 못하는 친구가 보인다. 아이들의 아이디어 뱅크가 출동할 순간이다.

| | |
|---|---|
| 나 | 각자 생각해 본 제목이 있나요? 여러분들의 창의적인 생각을 한번 모아볼게요. 자유롭게 이야기해 주세요. |
| 아이1 | '함께 쓰는 칠판'이요. 학교에 오면 매일 수업 중에 활용이 되어 제목을 정해 봤습니다. |
| 나 | 와, 일상에서 이런 것을 발견할 수 있었네요. 고마워요. 다른 친구는? |
| 아이2 | 저는 좀 재밌게 표현했는데요. '함께 시키는 배달'이요. |
| 아이들 | 하하하. |
| 아이2 | 저는 배달 음식이 엄마가 만드는 것보다 더 맛있어서 매주 두세 번은 배달을 시키는 것 같아요. 엄마께는 죄송하지만, 맛있으니 어쩔 수 없어요. |
| 나 | 정말 기발한 아이디어인데요. 또 다른 친구는? |
| 아이3 | '함께 하는 우리 반'을 생각해 보았어요. 저는 이렇 |

게 좋은 친구들, 선생님과 함께 공부하는 순간이 너무 행복하거든요. 그 행복을 담아서 한 편의 시를 지어볼 거예요.

**나** 와, 선생님은 깜짝 놀랐어요. 우리 친구들이 이렇게 멋진 제목으로 화답하다니 말이에요. 어떤 시가 태어날지 기대됩니다. 먼저 공책에 연필로 시를 쓰고, A4 용지에 옮길게요. A4 용지에 쓸 때는 색깔 펜을 활용하여 내가 쓴 글을 뒤에서도 볼 수 있도록 선명하게 표현해 주세요. 시에 어울리는 그림을 그려 주면 더욱 빛나겠죠. 자, 준비된 친구는 시작!

나는 교실을 돌면서 발표하지 못했던 아이들이 쓴 동시 제목을 본다.

함께 노는 친구, 함께 하는 친구, 함께 쓰는 전기, 함께 먹는 급식, 함께 쓰는 교실, 함께 쓰는 것들, 함께 하고 싶은 날, 함께 하는 술래잡기, 함께 쓰는 삼국지, 함께 쓰는 역사, 함께 쓰는 책상, 함께 쓰는 시계, 함께 먹는 튀김 등 아이들은 저마다의 세상으로 새로운 세상을 그려 가고 있다.

## 평범한 일상을
## 비범하게 바꾸는 묘미

　교실 안에는 어느새 연필 향이 그윽하다. 글을 쓰는 소리가 배경 음악으로 들린다. 그 소리에 어울리는 피아노 음악을 틀어 주니 한편의 화음 섞인 오케스트라 연주처럼 우리는 몸과 마음을 '함께'하고 있다.

　저마다의 글이 탄생한다. 글 속에는 작은 세상이 있다. 글 세상에서 우리는 함께 탐험하고 나눈다. 동시가 좋은 이유? 일상을 바라보는 관점이 달라지기 때문이다. 늘 똑같았던 일상이었는데 동시를 쓰면서 다른 관점으로 바라볼 수 있었다. 평범하지만 비범해지는 일상, 동시의 묘미는 그것이 아닐까?

　아이들이 저마다 자신이 쓴 동시를 낭독한다. 친구들이 발표할 때 우리는 포스트잇을 꺼낸다. 들으면서 친구가 발표한 동시에서 장점을 발견하여 포스트잇에 기록한다. 단점이 보여도 그중에서 장점을 바라보는 훈련을 은연중에 하는 것이다.

　이렇게 모인 포스트잇을 8절지 앞뒤에 붙이면 발표한 아이의 동시를 바라보는 친구들의 소중한 한 마디를 한눈에 볼 수 있다. 친구들의 기를 살리는 데는 친구의 한 마디가 가장 효과적이다. 그래서 발표 수업을 할 때 포스트잇을 자주 활용하여 아이들의 기를 살려주곤 한다.

모든 발표를 마치고 아이들을 바라보니 '함께'라는 말이 바로 이곳에 있다는 사실을 알게 된다. 눈시울이 뜨거워져 잠깐 뒤를 돌아 눈물을 훔치고 아이들에게 고맙다고 말한다.

나     자기 생각을 시로 표현하는 일은 쉽지 않아요. 이렇게 멋진 시를 쓴 우리 친구들 대단합니다. 무엇보다 친구들의 시를 잘 듣고 이렇게 멋진 평가를 해 준 서로를 위해 박수를 보냈으면 좋겠습니다.

짝짝짝! 박수 소리가 우렁차다. 교실이 날마다 이렇게 훈훈했으면 좋겠다. 아이들이 짝꿍시를 소개한다.

〈함께 쓰는 것〉
친구들과 가족들과
주변 사람들과
될 수 있다면
세 명이든 네 명이던
함께 쓰고 나누면
좋은 감정은 돌고 돌아
니에게 행운이 된다.

〈함께 하고 싶은 날〉
항상 함께하고 싶지만
오늘은 더더욱 함께하고 싶은 날.
함께 벚꽃을 보러 가고
함께 도시락을 같이 먹으련다.
매일 매일 함께하고 싶어라.

'함께'라는 단어 하나로 이렇게 다양한 시가 탄생하다니. 아이들이 친구, 가족과 함께하는 시간을 얼마나 소중히 생각하는지 알 수 있었다. 다음에 나오는 짝꿍시 역시 아이들의 솔직한 마음이 잘 드러나 있다.

〈함께 쓰는 칠판〉
함께 쓰는 칠판.
쉬는 시간이 되면
모두 옹기종기
칠판 앞에 모여 있다.

'쓱쓱'

열심히 낙서하다 보면
아름다운 칠판이 되어 있다.
다시 지우개로 지우다 보면

우리가 알던 칠판으로
돌아온다.

〈함께 노는 친구〉
친구랑 만난다.
만나서 논다.
재미있게 논다.

친구랑 디스코팡팡 타구
친구랑 인생 네 컷 찍구
친구랑 아트박스 갔다.

어떡하지?
교통카드가 예쁘네.
살까? 고민한다.

〈함께 하는 우리반〉

공부를 할 때,

글을 쓸 때,

그림을 그릴 때,

놀이를 할 때,

노래를 할 때,

현장 체험 학습을 갈 때

언제나 함께 하는

우리 반 파이팅!

〈함께 읽는 논어책〉

친구와 함께 읽는 논어책

논어책 반 페이지는 보이고

논어책 반 페이지는 보이지 않고

안 보이는 반 페이지 때문에

보이는 반 페이지 때문에

안 보이는 반 페이지도 좋고

보이는 반 페이지는 더 좋고.

　

이렇듯 하나의 소재를 봐도 아이들은 다양한 생각을 하고 다양하게 표현한다. 짝꿍시가 매력적인 이유다.

◆ 초등 동시 쓰기 Tip ◆

짝꿍시를 쓰면 좋은 이유는 함께 생각해 볼 수 있다는 점이고, 똑같은 주제로 다른 생각을 공유할 수 있다는 점입니다. 저마다의 생각을 인정하고 용기를 북돋아 주는 이야기를 꼭 해 주세요.

# 짧은 생각을 동시로 연결해요

매일 아침이면 기지개를 켜고 잠시 눈을 감고 명상한다. 즐거운 상상을 하며 하루를 시작하는 나만의 루틴이다. 문득 떠오르는 장면들, 단어들이 떠다닌다. 그것을 잡아 무의식을 발판으로 한 편의 글을 쓴다. 글을 쓴다는 표현보다는 그저 글을 꺼낸다고 하는 것이 적합하다. 이때는 맞춤법이라든지, 쓰기의 기술 같은 것은 전혀 중요하지 않다. 그냥 쓴다. 무슨 일이 있더라도 쓴다.

쓰다 보면 전혀 예상하지 못했던 글이 나온다. 글감이 꼬리에 꼬리를 물고 이어져 나온다. 연결의 힘을 믿고 내 생각에 집중해 그저 묵묵히 한 줄 한 페이지를 채워간다.

하루에 하나씩 글감을 채워 간다. 생각이 정리되니 누군가와 이야기할 때 예전에 써 놓은 글이 참으로 도움이 된다. 언제나 생각을 정리하고 있으니 나에게 아침 단상의 글은 이렇게 삶의 활력소가 되고 힘이 된다.

## 아침마다 쓴 글이 동시로

새벽 단상의 글을 '모닝페이지'라 부른다. 모닝페이지는 줄리아 카메론의 《아티스트 웨이》를 통해 대중으로 널리 알려지게 되었다. 그 책 속에는 12주차의 새벽 글쓰기가 제시되어 있는데, SNS를 통해 '모닝페이지'만 검색해 보아도 이미 수많은 사람이 실천하고 있는 새벽 글쓰기 형태이다.

나는 저녁보다 새벽 글쓰기를 선호한다. 그만큼 가장 뇌가 맑은 상태로 글쓰기를 대하니 누에고치의 실처럼 억지로 짜내지 않아도 글이 잘 나온다.

직업이 선생인지라 교실에서도 적용하고 싶은 마음이 2017년부터 모닝페이지란 이름으로 아이들과 함께 아침 글쓰기를 하고 있다.

아이들은 교실에 오면 저마다 '모닝페이지' 수첩에 글을 쓴다. 보았던 것, 들었던 것, 생각했던 것, 느끼는 것, 아침에 먹었던 것, 즐거웠던 것, 슬펐던 것 등 다양한 이야기를 적는다.

아이들은 저마다 자신의 이야기를 수첩에 담아서 제출한다. 나는 그것을 하나하나 읽으면서 정성과 사랑을 꾹꾹 눌러 담아 댓글을 단다. 댓글 하나에 사랑 +1, 관계 +1, 자신감 +1을 더한다는 마음으로 나의 교실을 운영하는 가장 중요한 루틴으로 자리 잡았다.

어느 날 다솜이가 글을 썼다. 마스크가 부족해 마스크를 빨아서 쓴다는 이야기였다. 다솜이의 진솔함이 지긋이 나는 이야기였기에 다솜이에게 줄 수 있는 것이 무엇일까 곰곰이 생각해보았다.

'그래 마스크를 하나 선물해야겠다.'

집으로 돌아오는 길 마스크를 하나 구매하여 다음 날 다솜이의 모닝페이지 수첩에 살포시 껴서 전달했다. 다솜이의 마음이 궁금했다. 기분이 좋았을까? 아니면 내가 너무 오지랖 넓었던 것일까? 이런저런 생각이 들 때쯤 그다음 날 다솜이는 내가 선물해 준 마스크를 쓰고 당당히 등교하였다.

> **다솜이**     오늘 선생님께서 주신 마스크 쓰고 왔어요. 제가 좋아하는 검은색 마스크라서 정말 좋아요. 선생님께서 제 취향을 어찌 아시고! 취향 저격, 감사합니다. 향이 아주 좋아요.

이런 글이 한 달 동안 쌓인다. 그러면 이 글을 동시로 변환하는 일은 어렵지 않다. 아이들은 모른다. 그동안 자신이 쓴 모닝페이지가 얼마나 좋은 시 언어를 품고 있었는지를. 이미 아이들은 시인이었던 것을.

## 안에 있는 것을 바깥으로

아이들과 아침에 함께 쓴 글을 동시로 바꿀 차례다.

> **나**     우리는 그동안 쓴 모닝페이지 글을 동시로 바꿔 볼 거예요. 여러분이 쓴 글 중에서 가장 표현하고 싶은 글을 하나 선택해 보세요.

저마다 고민하는 흔적이 역력하다. '내가 이런 글을 썼나?'라는 표정이 드러나기도 한다. 신기하게 자신의 글을 읽어보는 친구도 보인다.

**아이1**   선생님, 이 글이 진짜 동시가 된다고요? 믿어지지 않아요.

**아이2**   맞아요. 선생님. 거짓말하면 안 된다고 했어요. 나의 가장 좋은 친구인 피노키오가….

**아이들**   하하하.

아이들의 대화를 듣고 있자니 순수함 그 자체다.

**나**   자, 여러분들은 잘 모르겠지만 선생님의 눈에는 이미 한 편의 동시가 보이던걸요. 비밀을 알려 줄게요. 그 비밀은 바로 바로 바로, 이 펜에 있습니다. 이제 펜을 들고 여러분이 쓴 글에 이렇게 밑줄을 그어 보세요.

전성이의 모닝페이지 글을 예시로 보여 준다. 이미 쓰인 글 속에서 '(나의 시에 넣었으면 하는) 좋은 글'에 밑줄을 긋는 것이다.

다음에 나오는 예시에서 모닝페이지 글과 동시로 바꾼 글을 함께 보면 이해하기 쉽다.

• **모닝페이지 글**

아침에 횡단보도를 건너는데 횡단보도 앞에서 비둘기가 날
①                    ②              ③
아가지도 않고 있길래 한동안 비둘기만 봤다.
─────────           ④

• **동시로 바꾼 글**

〈비둘기〉

아침에 횡단보도

앞에서

비둘기 한 마리가

날아가지 않고

가만히 있어서

목만 움직였다.


나는 그것이 신기해서

한동안 비둘기를

보았다.

| 나 | 어때요? 참 쉽죠잉. 이렇게 여러분이 선택한 글에서 행과 연을 나누면 한 편의 동시가 완성됩니다. |
| 은지 | 선생님, 저는 딱 1줄만 적었는데 어떡하죠? |
| 나 | 좋은 질문이에요. 글이 너무 짧다고 느껴지는 친구는 추가로 적어도 되고, 많다고 생각하는 친구는 생략해도 되겠죠? 만약 비슷한 글들이 있다면 그 두 개의 글을 하나로 엮어 봐도 좋아요. |
| 은지 | 아하, 저 생각났어요. |

• **모닝페이지 글**

(3월 6일) 오늘은 학교 올 때 심심해서 친구랑 통화했다.
　　　　　　① 　　　② 　　　③ 　　　④
(3월 9일) 학교 끝나고 친구들이랑 놀 생각에 신난다.
　　　　　⑤ 　　　⑥ 　　　⑦ 　　　⑧

• **동시로 바꾼 글**

〈신난다〉

학교 올 때

심심해서

친구랑

통화했다.

학교 끝나고

친구들과

놀 생각에

신난다.

이렇게 은지의 동시가 탄생했다.

나는 주로 수업 중 물음표를 던진다. 그러면 아이들은 그것을 받아서 자신의 색깔에 맞게 요리한다. 물음표가 느낌표가 되는 순간이다. 그 안에서 창의성이 발휘되고, 무엇보다 자신이 해냈다는 성취감이 있으니 던지고 또 던진다.

이번 수업도 그렇다. 새로운 것을 창작하기보다는 이미 아이들이 가진 것에서 끌어내는 순간이다. 교육이란 안에 있는 것을 바깥으로 끌어낸다고 하지 않던가. 이것이 교육 현장이고, 이것이 학생과 내가 함께 성장하는 비결이다.

| | |
|---|---|
| **시연** | 선생님, 저는 남자친구에 대한 글인데 너무 짧게 쓴 것 같아요. 이것도 괜찮나요? |
| **나** | 물론이지. 어색한 표현은 수정하고, 글자 수가 부족하면 채우면 된단다. |
| **시연** | 아, 그렇구나. 좋은 아이디어가 떠올랐어요. 제목은… '심쿵한 날'이에요. |

| 나 | 와, 우리 시연이의 시가 기대되는데?

그렇게 해서 탄생한 것이 시연이의 〈심쿵한 날〉이라는 동시이다.

**• 모닝페이지 글**

방금 전 앉아 있는데 남자 친구가 지나갔다. 심쿵♥
  ①                        ②

**• 동시로 바꾼 글**

〈심쿵한 날〉

방금 전 앉아 있는데

남자 친구가 지나갔다.

콩닥콩닥 가슴이 뛴다.
난 그 아이가 좋다.
그 아이도 날 좋아할까?

| 신영 | 저는 명언을 시로 표현하고 싶은데 될까요?
| 나 | 그럼, 이렇게 행을 나누면 된단다. 여기에 어울리는 제목을 붙여 볼까?

| 신영 | 음, '겉만 보고 판단하지 말자' 어때요? |
| 나 | 좋아. 신영이의 언어로 한번 표현해 볼까? |

- **모닝페이지 글**

<u>아름다운</u> <u>사과 속은</u> <u>썩어 있고,</u> <u>겉이 예쁘지 않은</u> <u>사과 속은</u>
　①　　　　②　　　　③　　　　　④　　　　　　⑤
<u>깨끗하다.</u>
　⑥

- **동시로 바꾼 글**

〈겉만 보고 판단하지 말자〉

아름다운

사과 속은

썩어 있고

겉이 예쁘지 않은

사과 속은

깨끗하다.

겉만 보고 판단하지 말자.

저마다 자기 생각과 경험, 언어를 가지고 세상에서 하나뿐인 동시를 만들어 낸다.

매월 자신이 쓴 글을 보고 월말 활동으로 이렇게 한 편의 동시로 변환하니 얼마나 뜻깊은 일인가. 아이들도 동시 짓는 일을 참으로 쉽고 재미있게 생각하는 듯하다.

◆ **초등 동시 쓰기 Tip** ◆

아이가 동시 쓰기를 어려워한다면, 이미 쓴 일기든, 짧은 생각이 담긴 글이든 시감으로 쓸 수 있습니다. 동시로 바꿔볼 만한 부분을 밑줄로 그어 보고, 동시로 변환해 보세요. 한 편의 동시가 뚝딱 완성입니다.

# 인공지능과 함께 만드는 동시

'챗GPT', '뤼튼', '아숙업(AskUp)' 등 다양한 인공지능이 우리의 삶에 가까이 와 있다. '나만 뒤처지나?'라는 생각에 온라인 서점에 들어가 챗GPT를 검색하니 벌써 500여 권이 넘는 책이 출간되었다.

  그중에서 인공지능이 어떻게 글쓰기에 활용되고 있는지 궁금해서 가장 뜨겁게 판매되고 있는 책을 몇 권 샀다. 그런데 책을 구매하면 설렘 속에서 기다려야 하는데 왠지 찜찜하다. 나의 길이 아닌 다른 사람의 길을 가는 것처럼 여간 찜찜하지 않을 수 없다.

'취소할까? 아니야 지금이라도 늦지 않았어. 이젠 인공지능이 대세야.'

두 명의 내가 다투다 보니 어느새 책이 도착해 있다. 일단 부딪혀 보자. 인공지능을 배운다는 생각으로 책을 펼쳐 보았다. 인공지능은 잘만 활용하면 인간의 삶을 이롭게 한다는 이야기들이었다. 내가 몰랐던 부분을 보충할 수 있었고 내 삶 그리고 수업 중에 활용할 수 있는 다양한 예시를 만날 수 있었다.

## 인공지능이 뚝딱 쓴 동시

인공지능을 글과 접목해 보자고 생각했다. 번뜩 아이디어가 떠올랐다. 인공지능을 동시 쓰기에 활용할 수 있고, 아이들은 동시를 노래로 표현하는 것을 좋아한다. 만들어진 시에 음악을 더하면 어떨지 생각한다. 여기에 시와 관련된 그림까지 인공지능으로 그리면 딱 맞다.

'오호라, 3박자가 이뤄지는걸.'

다음과 같은 순서로 한번 해본다.

1. 인공지능을 활용해 시를 쓴다.
2. 지어진 시를 기타 코드로 연주한다.
3. 시와 어울리는 그림을 그린다.

여러 인공지능 중 카카오에서 쉽게 활용할 수 있는 '아숙업'을 활용한다. 먼저 모바일 카카오톡에서 아숙업 채널 추가를 하면 내 핸드폰 톡에 쏙 들어온다. 이제 질문을 할 차례. 어떤 질문을 할까? 요즘 선생님들의 모습이 매우 힘들어 보이기에 선생님에게 위로가 되는 글을 쓰고 싶다.

나　　교사를 위한 시를 써 줘.

신통하게도 바로 나온다.

〈그대, 그대는 교사입니다〉
어제보다 더 나은 오늘을 위해
마음을 열어 학생들을 이끌어 가는
그대, 그대는 교사입니다.

어려운 일도 겁내지 말고

한 걸음씩 나아가면 누구나 할 수 있지요.

그대, 그대는 멋진 교사입니다.

밝은 미소와 차분한 목소리로

학생들을 도와주는 그대는

정말로 가장 빛나는 별이지요.

그대, 그대는 최고의 교사입니다.

학생들의 미래를 함께 만들어가는

그대, 그대는 정말로 대단한 사람입니다.


소리 내서 읽어 보니, 나 역시 참 대단한 사람이 된 기분이다. 한 번 더 읽어 본다. 인공지능은 교사를 이렇게 이야기해 주건만. 요즘 주변에서 힘이 빠지는 목소리를 들을 때면 함께 기운이 빠지곤 한다. 그래도 내가 누군가. 나는 긍정 아이콘, 밀알샘이 아니던가. 선생님들을 위해서 쓰인 멋진 글을 노래로 만들어 보자.

아숙업에 물어본다.

**나**  고마워. 이제 이 시를 노래로 표현하고 싶은데 어울리는 코드 좀 알려 줄래?

아숙업은 신통하게도 코드를 알려 준다.

**아숙업**   물론입니다! 가사에 어울리는 감성의 노래를 만들기 위해서는 멜로디와 함께 악기의 코드도 중요합니다. 다음은 〈그대, 그대는 교사입니다〉 가사에 어울리는 기타 코드입니다.

**Intro**

G - D - Em - C

G - D - C - D

**Verse 1**

G    D    Em    C

어제보다 더 나은 오늘을 위해

G    D    C    D

마음을 열어 학생들을 이끌어 가는

G    D    Em    C

그대, 그대는 교사입니다

이런 식의 코드 진행을 뚝딱 알려 준다. 마치 신기한 램프 속

지니같다. 그런데 왠지 노래가 어색하기에 내가 다시 나의 폼에 어울리게 멜로디를 전개하였더니 곡이 완성되었다. 이것을 한글, PDF 파일로 만드니 세상에서 하나뿐인 교사를 위한 노래가 탄생했다.

〈그대, 그대는 멋진 교사입니다〉

작사 : 아숙엄
작곡 : 아숙엄, 밀알샘

**Intro**

G - D - C - D

G - D - G -

**Verse**

G      D      C      D

어제보다 더 나은 오늘을 위해

G      D      C      D

마음을 열어 학생들을 이끌어 가는

G      D      C      D

밝은 미소와 차분한 목소리로

| G | D | C | D |

학생들을 도와주는 그대는

| G | D | G |

정말로 가장 빛나는 별이죠.

**Chorus**

| G | D | C | D |

어려운 일도 겁내지 말고

| G | D | C | D |

한 걸음씩 나아가면 누구나 할 수 있죠.

| G | D | C | D |

어려운 일도 겁내지 말고

| G | D | C | D |

함께 나누고 고민하면 누구나 할 수 있죠.

| G | D | G |

그대, 그대는 멋진 교사입니다.

이제 그림을 그릴 차례. 이것도 내가 직접 그리는 것이 아닌 인공지능 프로그램 'Dall-e' 시리즈를 활용한다(아숙업, 뤼튼, 파이어플라이 등 인공지능 프로그램 중 내가 활용하기 쉬운 것을 고른다).

Dall-e를 검색해서 들어가고 구체적으로 질문하면 그림이 나온다. 나타난 그림에 위 가사를 붙이면 한 편의 시화가 탄생하니, 시를 짓고, 노래 만들고, 그림으로 표현하는 등 인공지능을 활용하면 아주 쉽게 좋은 작품을 만들 수 있다.

여기서 중요한 것은 인공지능은 답이 아니라 올바른 방향으로 나아가는 과정에 활용된다면 참으로 유용하다는 점이다. 그 점만 유의하면 교육적으로도 충분한 도움이 될 것이다.

어서 빨리 우리 학생들과도 한 편의 시, 노래, 그림을 만들고 싶다. 어떤 작품들이 나올지 벌써 기대가 된다.

◆ **초등 동시 쓰기 Tip** ◆

아이가 동시 쓰기를 어려워한다면 인공지능을 활용해 보는 것도 좋겠습니다. 키워드를 넣고 질문을 해서 내가 원하는 동시를 만들어 내는 경험도 요즘 같은 시대에는 꼭 해 볼 만한 활동입니다.

# 소통하며 협동시를 완성해요

코로나 19로 인해 학교가 정지되었지만, 당시 인근 도서관도 여파가 심했다. 특히 작은 도서관은 협소한 공간을 지녔기에 더욱 지켜야 할 규정이 강했고, 거의 아무것도 못 할 정도로 프로그램 운영이 제한적이었다. 평소에 많이 소통하던 인근 아파트 지역 작은 도서관 관장님께서 이런저런 고민을 나에게 토로하셨다. 관장님께 조금이나마 도움을 드리고자 해결 방안을 함께 모색하였다.

우리는 머리를 맞댔다. 우리가 찾은 방안은 바로 온라인으로도 활동할 수 있는 '협동시집 만들기' 프로젝트였다.

## 한 구절씩
## 조금씩 모아서

아이들과 온라인으로 15차시 동시 쓰기 수업을 하고 이를 책으로 만드는 활동이었다. 수년 동안 학급 아이들과 동시 쓰기 프로젝트를 해 왔기에 어려움은 없었지만 3~6학년 고루 분포된 친구들과 어떻게 어우러질지 내심 기대 반, 걱정 반이었다.

하지만 첫날 온라인으로 만난 아이들의 모습은 마치 학교에서 만난 가족 같은 분위기를 풍긴다. 알콩달콩 향기 그윽한 느낌이 났을 정도로 정겹다는 표현이 어울릴 법한 모습이다.

**나**    안녕하세요. 가까운 초등학교에서 근무하고 있는 밀알샘 김진수입니다. 여러분들과 15시간 동안 온라인으로 만나면서 함께 시를 쓸 거예요. 시를 쓰고 마무리가 되면 아쉽겠죠. 그래서 여러분들이 쓴 시를 엮어서 시집을 낼 것입니다. 그것도 온라인 서점에서 판매가 되는 시집을요. 온라인으로도 충분히 할 수 있으니 선생님과 함께 여러분 안에 있는 시 언어를 꺼내 보자고요. 오늘을 기념하여 이곳 작은 도서관을 위한 로고송을 만들 거예요.

**아이들**    우리가 노래를 만든다고요?

**나**   그럼요. 이미 여러분들에게 앞서 말한 '시 언어'가 있어요. 각자가 1구절씩 작은 도서관에 대한 느낌을 문장으로 표현해 주세요. 문장 순서를 적절히 배열하여 하나의 협동시를 만들 거예요. 거기에 멜로디를 넣으면 바로 로고송이 된답니다. 각자 한 문장씩 편하게 올려주세요.

아이들은 저마다 자신이 생각한 작은 도서관의 이미지를 문장으로 표현한다.

- 책과 사람이 성장하는 곳
- 책이 많이 있어요.
- 골목길을 지나면 있는 도서관
- 우리 가까이에 있어요.
- 저는 책이 좋아요.
- 시간 가는 줄 몰라요.
- 도서관은 책벌레 동굴

다양한 문장이 한데 어울려 섞인다. 아이들과 한 구절씩 조금씩 모아서 협동시를 완성해 나간다. 〈어서 와요 작은 도서관〉

이라는 협동시는 그렇게 탄생했다.

  협동시의 매력은 이렇게 우연적인 요소들이 무작위로 섞이면서도 일정한 방향으로 작품을 만들어가는 데 있다. 이리 읽고 저리 읽어도 한 사람이 쓴 것처럼 보인다. 도서관에 애정 가득한 눈빛으로 한 땀, 한 땀 정성을 다하는 모습이 그려진다.

〈어서와요, 작은 도서관〉
가까이에 있어요, 어서오세요.
골목길을 지나면 즐거운 도서관
책들과 사람이 함께 성장하는 곳
별거 아닌 것 같은데 빛나는 이곳
책이 많이 많이 있어요 저는 좋아요.
책이 많이 많이 있어요 책들이 좋아요.
도서관에 있으면 시간가는 줄 몰라요.
작은 도서관이 보여요 저기 책벌레 동굴

  이제 여기에 멜로디를 붙일 차례다. 가장 보편적으로 연주할 수 있는 G키를 활용하여 이리저리 튕겨 본다. G-D-Em-C 등의 코드를 활용했을 뿐인데도 참 정겨운 맛의 노래가 탄생했다. QR 코드로 들어가면 노래를 들을 수 있다.

### 자작곡 노래를 들을 수 있는 곳

노래를 녹음하여 관장님께 들려드리니 눈물이 난다고 하셨다. 작은 도서관의 관장으로 있으면서 그동안에 쌓인 노고가 싹 풀리는 느낌이랄까. 다른 일반 도서관과 작은 도서관의 운영에는 많은 차이가 있으리라. 지원금도, 지원 인력도 부족한 상태에서 작은 도서관을 운영하려면 사명감이란 요소가 크게 작용할 것이다.

### 함께 만드는 즐거움

아이들에게 멜로디를 전송한다.

> 나  혹시 함께 로고송 만드는 데 목소리를 더하고 싶은 친구는 녹음해서 선생님께 보내 주세요. 음성을 노래에 입히도록 하겠습니다.

혜지가 자신도 곡에 이바지하고 싶다며 청초한 음색으로 마지막 구절을 불러준다.

**혜지** 🎵 작은 도서관이 보여요. 저기 책벌레 동굴.

덕분에 노래의 마지막이 사계절을 품은 것처럼 아름답게 마무리되었다. 모두가 만족한 세상에서 하나뿐인 곡이 완성된 순간이다.

다음 수업 때 아이들과 노래를 부르며 시작하니 저마다 뭔가 좋은 느낌을 받은 듯하다. 예전보다 한결 편안한 표정이다.

**아이1** 선생님, 우리 이 곡에 그림 하나씩 그려서 뮤직비디오로 완성해 보는 것은 어때요?
**나** 그럴까? 너무나 좋은 아이디어인걸. 그럼, 각 문장에 어울리는 그림을 그려 보자. 각자 자신 있는 문장을 말해 볼까?

우린 그렇게 한편의 협동시를 짓고, 노래 만들고, 그림을 그려 뮤직비디오를 완성하였다.

여기서 내가 느낀 것은 단 하나다.

'함께하는 즐거움.'

혼자 쓰는 시도 매력적이지만 함께 만드는 협동시 또한 매력이 철철 넘친다. 하나가 된다는 느낌이 바로, 이 맛이 아닐까? 도서관에 갈 때마다 생각나는 노래이다.

어서 오세요. 이곳은 작은 도서관입니다.

참고로 우리가 15시간 동안 쓴 동시는 결국 《꿈꾸는 꼬마작가》로 출간되었다.

◆ **초등 동시 쓰기 Tip** ◆
의외로 협동시에서 좋은 시가 나오기도 합니다. 혼자 쓰는 시도 매력 있지만, 함께 만들어가며 협력을 기를 수 있다는 장점이 있습니다.

# 노래에서 동시 구조 찾기

BTS의 인기가 하늘을 찌른다. 춤이면 춤, 노래면 노래, 심지어는 유엔 연설까지 영향력이 국내를 넘어 전 세계적으로 퍼져 가고 있다. 비단 교실 안에서까지 BTS의 영향력은 지대하다. 문득 이런 생각이 든다.

'아이들이 좋아하는 BTS 노래를 교과 수업에 가져올 방법은 없을까?'
'BTS의 노래를 활용할 수만 있다면?'
'음악과 시의 결합을 어떻게 하면 좋을까?'

생각을 하며 운전하다가 라디오를 켠다. 즐겨 듣는 '2시의 데이트'가 흘러나온다.

> **라디오**  안녕하세요. 오늘의 추천곡은 BTS의 〈고민보다 GO〉라는 곡입니다. 요즘 너도나도 고민이 많아요. 제목 그대로 "고민 저리 가라!"라고 외치면서 오늘의 라디오를 마칠까 합니다.

라디오를 듣다 보면 일주일에 몇 번은 BTS 음악을 듣는 것 같다. 다른 채널로 돌릴까 하다가 제목이 마음에 들어 노래를 들어 본다. '딴 따라 딴다, 딴 따라 딴다' 인트로가 입에 착 감기는 듯한 소리가 좋다. 어깨춤이 저절로 나고 고유의 4박자 계열로 반복해서인지 입에서 저절로 랩이 나온다.

## 리듬이 있는 시의 구조

그러다 번뜩이는 아이디어가 생각났다. 과거 시조에서 많이 활용했던 음보율의 활용! 음보율은 소리 음(音)에 걸음 보(步)를 써서 소리의 걸음, 즉 한 호흡에 끊어 읽는 것을 기준으로 세 번

끊어서 읽으면 3음보, 네 번 끊어서 읽으면 4음보라고 한다. 정몽주의 단심가가 대표적이다.

**이몸이 / 죽고 죽어 / 일백번 / 고쳐 죽어　3 / 4 / 3 / 4**
**백골이 / 진토 되어 / 넋이라도 / 있고 없고　3 / 4 / 4 / 4**
**임 향한 / 일편 단심 / 가실 줄이 / 있으랴　3 / 4 / 4 / 3**

한 걸음씩 걸으면서 이 시조를 읽으면 걸음에 어울리는 한 편의 노래가 된다.

음수율은 또 어떠한가. 음수율은 소리 음(音)에 셈 수(數), 즉 음절의 수로서 규정된 형식을 가진 시의 리듬을 말한다. 3·4조, 4·4조, 7·5조 등이 대표적이다. 김소월의 〈가는 길〉을 예로 들어 본다.

**그립다 / 말을 할까 / 하니 그리워 /**
**그냥 갈까 / 그래도 / 다시 더 한 번**

앞의 세 글자, 네 글자를 합하여 일곱 글자로, 뒤의 다섯 글자를 통해 7·5조의 음수율을 느낄 수 있다.

BTS의 인트로 음악과 음보율, 음수율의 조합으로 나는 또 하나의 시 쓰기 수업 아이디어가 생각났다. 〈고민보다 GO〉 인트로 4마디만 활용한 음악 패턴을 반복하여 2분(120초)의 음악으로 만들었다. 나는 주로 1박자에 3글자 또는 4글자를 넣어 가사를 만들었다. 당시 코로나 19로 쌍방향 수업을 할 때라서 아이들과 즐겁게 '시 랩'을 만들면 좋겠다고 생각했다.

나는 아이들이 즐겁게 비디오를 켜고 수업을 할 수 있도록 아래와 같은 음악을 완성했다.

〈고민보다 GO 수업〉

애들아 / 비디오 / 켜라 / 제발

선생님 / 혼자 / 떠들고 / 있잖니.

소통이란 / 서로서로 / 마주 보는 / 것

그것이 / 대화의 / 기본이 / 잖니.

온라인 / 수업 / 매일 하기 / 힘들지.

선생님도 / 그것을 / 모르는 건 / 아냐.

그래도 / 비디오 / 켜 주면 / 좋겠다.

너희들의 / 미소가 / 큰 힘이 / 된다.

(코러스) 코로나 19로 바뀌진 교육

하지만 길은 있어

포기하지 않는 우리의 교육

선생님과 함께해요.

BTS 음악에 위 가사를 노래로 표현하여 부르니 전혀 새로운 노래로 바뀌었다. 나는 이것을 '수업'이란 글자를 넣어 〈고민보다 GO 수업〉이라는 제목을 붙여서 아이들과 시를 만들었다.

음수율과 음보율의 예시를 보여 주고, 결정적으로 내가 만든 노래를 통해 아이들은 저마다의 색깔로 흡수할 수 있었다.

## 노래가 된 아이들의 시

아이들은 곧잘 해낸다. 시를 쓰고, 이것을 노래로 표현한다.

그림을 좋아하는 나연이는 그림에 대한 시를 지었다. '생각을 그려 낸다'라는 표현이 참으로 좋다.

〈그림을 채워봐〉

그림을 / 그리자고 / 주제 / 생각해 봐

무엇을 / 그려 내도 / 상관 / 없으니까.

나만의 / 상상 세계 / 맘껏 / 펼쳐 보자.

그림을 / 그릴 때면 / 너무 / 행복하다.

너만의 / 그림들을 / 펼쳐 / 퍼트려 봐.
너에게 / 하나뿐인 / 재능 / 어필해 봐.
그림을 / 이 세상에 / 멀리 / 날려 보내.
생각을 / 그려내 봐 / 가득 / 채워 가 봐.

〈밥보다 GO〉를 만든 서우의 작품도 보인다. 참신하다. 특히 배고플 때 읽으면 절대 안 된다.

〈밥보다 GO〉

비빔밥 / 볶음밥 / 보리밥 / 현미밥
떡볶이 / 순대에 / 튀김도 / 추가
떡갈비 / 삼겹살 / 소고기 / 닭꼬치
냉면엔 / 고기 GO / 떡볶인 / 순대 GO

솜사탕 / 먹거리 / 과자에 / 음료수
뽀로로 / 음료수 / 맛있어요 /
닭고기 / 쪽갈비 / 곱창에 / 막창에
오늘도 / 내일도 / 맛있게 / 냠냠

서주는 자신이 별이 되는 〈STAR 별〉이란 시를 지었다. 꿈을 향해 나아가는 모습을 통해 무대 위 주인공이 그려진다.

〈STAR 별〉

밤하늘 / 빛나는 / STAR / 별
저걸 보고 / 말하는 / STORY /
밤하늘 / 한다면 / 생각나는 / 하나
반짝 / 빛나는 / 별을 / 보고

많은 / 생각 / 한다고 / 하는데
나는 / 안 그래 / 그저 / 생각나
STAR의 / STORY가 / 생각나지 /
나는야 / 스타별 /이서 / 주

자신의 이름을 무척이나 사랑하는 마음이 느껴진다.

아이들은 핸드폰 녹음기를 누르고 자신이 지은 시를 박자에 맞게 노래로 부르며 녹음한다. 녹음 파일을 나에게 보내면(본인이 직접 작업을 하는 친구도 있다) 내가 그것을 편집해서 인트로 음악과 노랫소리를 합친다. 세상에서 하나뿐인 자신만의 시 노래가 만들어진다. 음악은 즐겁게 동시를 지을 수 있는 진짜 소재가 된다.

◆ **초등 동시 쓰기 Tip** ◆

시에 음을 넣으면 시조나 가요가 됩니다. 그렇기에 가사는 훌륭한 시의 교본이지요. 아이들이 좋아하는 아이돌의 노래를 분석해 보면 동시의 기초가 되는 구조를 찾을 수 있습니다. 아이와 노래 가사를 같이 알아보고 변형해 보는 놀이로도 동시 쓰기를 시작할 수 있습니다.

## 동시 쓰는
## 아이로 키우기　2

- 질문하는 과정 자체가 하나의 동시가 될 수 있다. 이러한 의외성이 동시가 지닌 매력 중에 하나이다.

- 짝꿍시를 쓰면 다른 이와 함께 생각해 볼 수 있고, 똑같은 주제로 다른 생각을 공유할 수 있다는 장점이 있다.

- 아이가 동시 쓰기를 어려워한다면, 이미 쓴 일기든, 짧은 생각을 담은 어떤 글을 활용해 본다.

- 인공지능을 활용해 보는 것도 좋다. 키워드를 넣고 질문해서 아이가 원하는 동시를 만들어 내는 경험도 해 볼만한 활동이다.

- 혼자 쓰는 시도 매력 있지만, 함께 쓰는 협동시를 쓰면서 협력을 기를 수 있다.

- 아이들이 좋아하는 노래를 분석해 보면서 시 구조를 찾을 수 있다.

# 3장.

## "어휘력은 '짧은 글'에서 시작된다"

• 동시로 집중력 키우기 **2단계** •

## 독후감 대신 독후시를 써요

학기 초가 되면 아이들에게 현대판 고전인 책 3권을 낭독해 준다. 자신이 가진 가능성을 조금이나마 고전 문학에서 느끼길 바라는 마음에서다. 남들의 길을 그대로 따라가는 것이 아닌 자신의 길을 찾아가길 바라는 마음으로 트리나 폴러스의 《꽃들에게 희망을》을 읽어 준다. 리처드 바크의 《갈매기의 꿈》 그리고 자신이 가진 재능을 누군가에게 영향력을 나눌 수 있도록 셸 실버스타인의 《아낌없이 주는 나무》가 내가 꼭 읽어 주는 책이다.

책 읽기를 좋아하는 아이들조차도 의외로 이 책을 읽어 보지 못했다고 할 때가 많다. 이 책들은 우리에게 깊은 감동을 자아내기에 하루 10분을 투자하여 매일 낭독한다.

학기 초에는 교사인 내가 낭독하다가 점차 아이들에게 역할을 부여해서 읽게 한다. 아이들은 곧잘 해낸다. 돌아가면서 낭독하는 것 자체만으로도 친구들에게 기여하는 마음을 가지게 되니 공동체의 일원으로서 자신감이 상승한다.

책을 마지막까지 읽고 나면 여러 페이지에 색인이 붙는다. 쌓여가는 색인이 책을 뒤덮을 무렵 한 권의 책 낭독이 마무리된다. 아이들은 책 낭독을 하면서 '완독했다'라는 사실이 고무되나 보다. 아이들의 성취감이 의외로 드높다.

낭독 활동을 하면서 좋은 점을 더 추가한다면 낭독한 책이 아이들 손에 들린다는 점이다. 아이가 집으로 돌아가 "엄마, 저 책 사 주세요"라고 한단다. 그런 자녀를 보고 어머니는 기특한 듯 "아이가 처음으로 책을 사달라고 하네요. 선생님, 감사합니다"라고 말하기도 한다.

## 생각을 깨는
## 독후 활동

낭독이 마무리되면 아이들에게 주는 숙제가 있다. 그것은 바로 독후감 대신 '독후 시'를 쓰는 것이다. 독후 시는 71세가 되는 해까지 50년의 교단을 이어온 하시모토 다케시의 《슬로리딩》을 읽다가 생각해 냈다. 그의 책에 '책을 읽고 감상을 적는 대신에 스스로 시를 짓게 한다'라는 문장을 보고 나서부터였다. 그는 독후 활동을 시로 접근할 수 있다는 생각을 확장시켜 준 장본인이다.

<u>나</u>　우리가 그동안 《꽃들에게 희망을》, 《갈매기의 꿈》, 《아낌없이 주는 나무》 등의 책을 읽었어요. 느낀점을 자유롭게 시로 표현해 볼까요? 이때 주인공에 대한 접근도 좋고, 이야기를 듣다가 떠올린 것을 글로 형상화해도 됩니다. 글과 그림이 드러난 세상에서 하나뿐인 나만의 시를 써 보아요. 여러분의 생각을 꺼내기만 하면 됩니다. 자, 한번 꺼내 볼까요?

　은율이는 《갈매기의 꿈》을 읽고, 자신도 꿈이 있다며 이렇게 말했다.

<u>은율</u>　선생님, 저는 《갈매기의 꿈》을 읽고 나서 제 꿈에

대해서 시를 썼어요. 그림을 날아가고 있는 모습으로 그렸는데 뭔가 마지막 문장과 좀 어울리지 않아요. 마무리를 어떻게 쓰면 좋을까요?

나　음, 그림에 맞춰서 '어! 지금 내가 날고 있다'라고 표현하면 어떨까?

은율　아, 그런 방법이 있었네요. 알겠습니다, 선생님.

그래서 완성된 〈은율이의 꿈〉이란 동시다.

〈은율이의 꿈〉

나는 나는 게 꿈이다.

새처럼 날아다니고 싶다.

꼭 나중에 하늘을 날 것이다.

꿈을 이룰 수 있다.

어! 지금 내가 날고 있다.

아이들은 저마다 시를 잘 표현하는 것을 보고 내심 놀랐다. '내가 그동안 아이들을 잘 몰랐었나?'라고 할 정도로 표현력에서 차원이 달랐다.

| | |
|---|---|
| 나 | 은율아, 어떻게 이런 생각을 했니? 이거 정말 네 생각에서 나온 거야? 대단한걸. 이 부분을 이렇게 표현했구나. 선생님도 생각해보지 못한 부분이네. 소재가 참신하고 좋구나. |

아이들은 자신을 향한 따뜻한 말에 조금씩 생각 알을 깨고 나온다. 자유롭게, 용기 있게 펼쳐 낸다. 생각을 쓰는 것도 큰 용기다. 잘 쓰고 못 쓰고를 떠나서 생각을 꺼냈다는 행위에 의미를 둔다. 결국, 그 행위 하나 하나의 용기 덕분에 글이라는 것을 두려움 없이 다시 꺼낼 수 있기 때문이다. 아이들은 이미 시인이라는 것을 다시금 알게 되는 순간이다.

그런데 아이들이 독후 활동에서 '꿈' 이야기에 꽂혀 버렸다.

| | |
|---|---|
| 지유 | 선생님, 저는 '밀알샘의 꿈'을 적어 봤어요. |
| 나 | 선생님의 꿈을? 너무나 궁금한걸. |
| 지유 | 놀라지 마세요. 정말 대단한 시거든요. |
| 나 | 잠깐만 선생님 쓰러지지 않게 의자에 앉아야겠다. |

<밀알샘의 꿈>

ㄱ 각이 있는 밀알샘

직각 부자 밀알샘

캐릭터도 네모

나중에는 각져서

정사각형 밀알샘.

나는 얼굴이 각이 졌다. 아이들은 나를 정사각형 밀알 선생님의 줄임말인 '밀알샘'으로 부른다. 지유 덕분에 나는 직각 부자가 되었다.

### 자기 생각에
### 집중하는 시간

아이들은 모른다. 이런 행위를 통해 글과 친해지고, 무엇보다 자기 생각과 자주 만난다는 사실을 말이다.

한 아이는 《꽃들에게 희망을》을 읽고, 애벌레가 커지는 동시를 썼다.

〈애벌레의 진화〉

어느 한 애벌레가 있었다.

애벌레가 나뭇잎을 먹자

진화했다.

커졌다!

커진 애벌레가

또 진화했다.

나비로!

나비는 세상을 자유롭게 날 것이다.

나도 날 것이다.

　저마다 아이들은 자기 생각을 한 편의 시로 승화시켰다. 어쩜 읽으면 읽을수록 아이들의 시에 빠져든다. 나중에 이야기하겠지만 우리 반 친구들을 꼬마 작가로 데뷔시킬 일이 멀지 않았다.

◆ **초등 동시 쓰기 Tip** ◆

동시 쓰기 방법 중에 책을 읽고 느낀 점을 자유롭게 표현해 보는 방법도 있습니다. 주인공에 대한 접근도 좋고, 이야기를 듣다가 떠올린 것을 글로 형상화해도 됩니다.

# 책에서 아이디어를 얻어요

아이들과 그림책 《틀려도 괜찮아》를 읽는다. 선생님의 후덕한 표정과 눈빛, 몸짓이 마치 내 모습을 보는 것 같다. 생김새도 어떻게 나와 그렇게 닮았는지. 아니나 다를까, 아이들이 먼저 이야기한다.

아이   이 책 선생님이 쓰셨어요? 얼굴이 매우 닮았어요.

나 역시도 이 책을 읽고 '틀려도 괜찮다'라고 말하며 아이들의 가능성을 믿어 주고 심어 준다.

나     애들아, 이 책을 읽으면서 우리도 이런 학급을 만들어 보자. 선생님을 포함하여 누구나 실수할 수 있고, 넘어질 수 있어. 이때 손잡아 주는 누군가가 있다면 얼마나 큰 힘이 되는지 모른단다. 세계적으로 유명하신 분이 '어렵게 사는 아이가 잘 자랄 확률'을 연구한 적이 있어. 자신을 믿어주는 단 한 사람이 있으면 잘 자란다는 연구 결과도 있고. 우리가 서로 그런 사람이 되어 보자. 우리가 '서로의 단 한 사람'이 되어 주는 거야. 배려하고 사랑으로 하나 되는 학급은 나날이 행복이 가득할 테니, 우리가 이 책 속에 나온 것을 실현하는 학급을 만들어 보자. 우린 할 수 있어. 선생님은 여러분들의 가능성을 믿어.

우리 반 아이들 한 명 한 명이 서로에게 힘이 되어 주었으면 좋겠다. 아이들 중 인우가 책을 들고 나에게 온다. 감명이 깊었는지 무언가 나에게 말하고 싶어 하는 눈치다.

인우     선생님, 제가 이 책을 읽고 시를 한 편 써왔어요. 힌번 들어 보실래요?

**나**   와! 책을 읽고 시를 썼구나. 세상에서 하나뿐인 최고의 시겠는걸. 궁금하다.

인우의 동시가 아주 멋지다.

〈틀려도 괜찮아〉
틀려도 괜찮아.
틀려도 괜찮아.
친구들과 고쳐 나가면 되잖아.

틀려도 괜찮아.
틀려도 괜찮아.
틀려보면 어때 다음에 잘하면 되지.

틀리면 고쳐 쓰면 되지.
틀리면서 배워가는 거야.
우리는 틀려도 두렵지 않은
자랑스러운 밀알 반 18기.

**나**   인우가 지은 동시를 함께 노래로 표현해 볼까?

**인우**  좋아요. 선생님! 제 동시가 노래가 된다니 너무 설레요.

기타를 꺼내고 인우의 동시에 맞춰 즉흥적으로 흥얼거려 본다.

### 즉흥적으로 만든 우리의 노래

나름 음률이 만들어진다. 친구들과 함께하는 노래가 만들어지는 재미가 있다. 읽은 책을 노래로 만드는 우리 친구들의 능력! 책은 이렇게 노래가 된다.

아이들은 최고의 '감성쟁이'가 틀림없다. 서로 다름을 인정하는 학급 문화를 만들어가니 서로 비난이 줄어든다. 비난이 줄어드니 분위기가 좋을 수밖에 없다.

**아이**  괜찮아. 괜찮아. 실수는 누구나 할 수 있다고 했잖아. 우리 노래하자. 자, 시작 ♬ 틀려도 괜찮아. 틀려도 괜찮아.

누군가 실수가 있을 때마다 아이들의 노래가 떼창이 되어 메아리친다.

◆ **초등 동시 쓰기 Tip** ◆

책을 읽고 쓴 동시를 노래로 만드는 방법은 어렵지 않습니다.
1. 책을 읽습니다.
2. 책에 대한 느낌을 시로 적습니다.
3. 그것을 노래로 표현합니다. 끝!

# 직접 가사를 써요

아내(정선애 작가)는 동화작가다. 아내가 쓴 작품 중 친구들과의 우정을 그린 창작 동화 《우정 자판기》가 있다. 이 동화에는 '우정 지킴이'라는 글이 수록되어 있는데 책 속에서는 동요로 소개되고 있다.

누구나 아는 노래를 넣을까 하다가 직접 가사를 만드는 것이 의미 있어서 놀이터에 보이는 아이들의 모습을 보며 무언가 끄적끄적한다. 가사가 완성되었다. 이제 노래를 만들 차례다. 기타를 꺼내 한 줄 한 줄 흥얼거린다. 가족이 모여 녹음까지 하니 완벽하다. 가사는 한 편의 시와 같다.

〈우정 지킴이〉

너와 나는 모습이 다르고

생각도 다르지만

우리는 좋은 친구.

너부터 먼저 해

내가 기다릴게

서로 배려하기

너의 생각이 그렇구나.

나랑 다르지만 괜찮아.

서로 존중하기.

마음을 알아주고

힘들 때 도와주는

우리는 우정 지킴이.

이를 영상으로 만들어 우리 반 학급에 올렸다. 쉬는 시간에 가율이가 이렇게 말한다.

**가율**  선생님 우정 지킴이 노래 좀 틀어주세요. 입에 착

|  |  |
|---|---|
|  | 착 붙어서 너무 좋아요. |
| 나 | 와, 알아주니 고맙네. |
| 가율 | 저 이 노래가 좋아서 더빙도 했어요. |
| 나 | 더빙까지. 더욱 대단해요. 선생님이 정 작가님께 꼭 전하겠습니다. |
| 가율 | 선생님, 꼭이에요. 꼭! |

'꼭'이라는 말과 함께 새끼손가락 걸며 약속하고 엄지 도장, 손바닥 사인까지 3종 세트 예약이다.

노래가 울려 퍼진다. 아이들이 따라 부른다. 우정 관련 수업이 나올 때마다 노래가 울려 퍼진다.

**가율이가 좋아해 준 우리의 노래**

|  |  |
|---|---|
| 아이들 | 선생님, 우리 반이 우정 지킴이 반이 되어 가는 것 같아요. 노랫말대로 이뤄지네요. 이런 노래 더 만들고 싶어요. |

그래 이 녀석들. 인성 교육이 뭐 별거 있나. 너희들과 함께 만들어가는 것이 진정한 인성 교육이지.

책이 시가 되고, 시가 노래가 되니 인성은 저절로 따라온다. 다음 곡은 뭐로 할지 고민된다. 아이들아, 선생님은 이미 기타를 준비했으니 어서 시를 가져다주렴. 어서.

◆ 초등 동시 쓰기 Tip ◆

동시에 음을 붙이니 노래가 되고, 노래 가사를 입으로 부르니 아이들이 저절로 동시를 좋아하네요. 그렇게 노래 부르며, 동시를 쓰며 아이들의 생각과 마음도 한 뼘씩 자랍니다. 동시 쓰기의 장점은 무궁무진하네요.

# 시인을 직접 만나요

아이들에게 독서와 글쓰기에 흥미를 주기 위해 빠짐없이 하는 학교 행사가 있다면 바로, '작가와의 만남'이다. 나는 이것이야말로 아이들이 책과 친해지고, 더 나아가 글과 친해지는 매우 효과적인 행사라고 생각한다.

교육청이나 지역 도서관에서 이와 관련된 공문이 내려온다. '한 학기 한 권 읽기와 작가와의 만남'까지 추진해 주니 신청을 안 할 이유가 없다.

매년 내가 맡은 학년이 이런 혜택을 받는다. 예를 들어 작년에 저자와의 만남을 내가 속한 학년과 연계했다면 올해는 다른 학년에 기회를 주기 위해 공지를 한다. 하지만 어쩐지 신청하는 학년이 거의 없다. 덕분에(?) 매년 혜택 아닌 혜택을 받는다.

## 독서는
## 의미의 연결이 핵심

독서와 글쓰기 교육을 좋아하는 나에게는 작가와의 만남이 그냥 행사 이상의 의미가 있다. 책과 아이들을 연결하는 강력한 수단이 됨을 알고 있다.

어느 해에는 내가 속한 도시에 이명환 작가의 《미장이》 책이 선정되어 지역 도서관에서 30권의 책을 지원받고 작가를 만날 수 있었다.

'내가 읽던 책의 작가를 만나다.'

그 사실 하나만으로도 아이들에게는 의미가 생기는 순간이다. 내가 줄곧 강조하는 "독서는 의미의 연결이 핵심이다"라는 명제를 완성하는 데 있어 작가와의 만남이 매우 효과적이다. 그 책은 결국 아이들에게 의미 있는 인생 책으로 변하게 된다.

나 역시 이명환 작가가 강연하는 동안 이야기를 놓칠세라 한 줄, 한 줄 필기하면서 들었다. 그만큼 흡입력도 있고, 내용도 알찬 시간이었다. 우리 반 아이들도 나처럼, 아니 그 이상 감명받은 듯했다.

이 느낌을 그냥 흘려보낼 수 없었다. 재미있는 텔레비전을 보고 만 것과 같이 만들고 싶지 않았다. 나의 감정을 가장 효과적으로 정리할 수 있는 접근법, 바로 한 편의 동시 쓰기다. 우리의 감흥을 남기고자 작가와의 만남에 관한 느낀 점을 하나의 동시로 표현해 보는 활동을 했다.

저마다 아이들이 느끼는 포인트는 서로 달랐다. 이 점이 참으로 매력적이다. 똑같은 공간에서, 똑같은 시간에, 똑같은 내용을 들었음에도 서로 느낀 바가 다르다. 책을 읽을 때와 같은 이치다. 그동안의 경험과 생각이 다르니 투입되는 것이 아무리 같아도 다를 수밖에 없다.

재원이는 《미장이》 책을 읽고, 작가를 만나고 아빠 생각을 했나 보다.

〈이명환 작가님〉

이명환 작가님은

"미장이" 책을 만들었어

미장이 책을 읽고

그것을 느꼈어.

우리 아빠가 열심히

일을 하고 있다는 것을.

서우도 아빠 생각을 했나 보다.

〈예술가〉

아빠가 쓱쓱 하면

나도 쓱쓱

아빠가 삭삭 하면

나도 삭삭

다른 곳에 있어도

같은 행동을 하니까.

같이 있는 거야.

나연이는 조금 더 구체적으로 동시를 썼다.

〈미장이〉

미장이는 예술가다.

벽을 꾸미는 예술가

미장이는 가족이다.
누군가의 소중한 가족

미장이는 내 집이다.
내 집을 꾸며준 집

미장이는 사람이다.
우리와 같은

미장이는 나의 아빠다.

재욱이는 〈예술가〉라는 제목으로 동시를 썼다.

〈예술가〉
우리는 예술가다.
우선 우리는 삶을 살며
창작하고
만들어가기 때문이지

그러므로

우리는

무엇이든

할 수 있어.

책을 쓴 작가, 아빠, 예술가, 할 수 있다는 가능성 등 다양한 아이들의 시가 돋보인다.

전성이는 이번 강의로 책을 쓴 작가에 대한 소중함을 느낀것 같다.

〈책이 뜻하는 많은 의미〉

책을 읽고 이야기를 들으니

과거, 생각, 무언가를

뜻하는 그림도 있다.


이것을 알고 나니

느끼는 것이 많다.


작가라는 직업 참

고마운 직업.

작가와의 만남은 읽고, 쓰는 것만큼이나 의미가 있지 않을까? 책을 읽으며 생각한 바를 연결할 수 있고, 그 연결로 인해 나라는 사람의 생각 크기도 자라난다. 그래서 아이들과 책을 읽는 시간은 언제나 소중하고, 또 의미 있다.

◆ **초등 동시 쓰기 Tip** ◆

똑같은 책을 읽어도 아이들은 저마다의 생각대로 동시를 짓습니다. 여기에 책을 쓴 작가까지 만날 수 있다면 아이디어는 더 떠오르지요. 책을 쓴 작가, 아빠, 예술가, 할 수 있다는 가능성 등 아이들의 다양한 생각을 동시로 쓰는 시간을 만들어 보세요.

# 수업 시간 마무리를 동시로

    벤자민 프랭클린은 미국 건국의 아버지라고 불리는 사람들 중 한 명이다. 외교관, 과학자, 언론인, 정치철학자 등 다양한 수식어를 지닌다. 미국 100달러 지폐의 인물로 채택된 위대한 저술가, 그는 글쓰기를 독학하기 위해 당시 최고로 손꼽히던 잡지 〈스펙테이터〉에 나오는 에세이를 시로 각색하는 훈련을 지속해서 했다고 한다.

    이 활동을 우리 교실에서도 구현할 수 있을까?

    학교에서는 다양한 교육 활동을 한다. 누군가를 초청하기도

하고, 현장 체험 학습, 체육 대회, 학예회 등의 학교 행사가 있다. 학년 행사, 학급 행사는 물론, 각 교과 단원을 마무리할 때도 단원 정리라는 이름으로 다양한 교육 활동이 이뤄진다. 개학부터 방학까지 우리는 배움의 테두리 안에서 생각하고 경험을 유기적으로 하는 셈이다.

이런 교육 활동을 마치면 한편의 느낀 점(배느실: 배운 것, 느낀 것, 실천할 것)을 쓴다. 쓴 글을 토대로 앞에서 연습한 글을 시로 변환하는 작업을 한다. 한 편의 시가 나온다. 저마다 아이들은 이런 방법으로 모든 교육 활동을 시로 표현할 수 있다.


## 배운 것을 동시로 소화하다

도덕 교과는 시로 마무리하기에 적합한 교과이다. 도덕의 경우 주요 가치 덕목이 개인, 가정, 이웃, 사회, 국가, 민족 생활과 연계가 되어 시 쓰기가 정리 활동으로 활용 가치가 높다.

'생명 존중'에 대하여 배웠다면 배운 것을 토대로 자신만의 시어를 활용하여 한 편의 시를 쓴다. 성실을 배웠다면 성실에 대한 시, 정직에 대하여 배웠다면 정직에 대한 시를 쓴다. 1단원, 2단원, 3단원 등 단원의 마무리로 지어진 시를 토대로 우리 반만의 가치 사전 시집을 모아 책으로도 만들 수 있다.

　단원과 단원 사이에 있는 감동적인 이야기 '지혜의 샘터' 또한 시 쓰기 예시로 활용할 수 있다. 한 문장 한 문장에 깊이가 느껴지는 이해인 시인의 〈봄과 같은 사람〉을 함께 읽는다. 읽다 보니 나 역시 희망에 차 있고, 기뻐하고, 따뜻하며, 긍정적인 사람이 되어 가는 것 같다.
　간략히 느낀 점을 나누고 하나의 질문을 한다.

**나**　　이 시를 어떻게 변형하면 좋을까요?
**아이**　'ㅇㅇ과 같은 사람'으로 표현해 보면 좋겠습니다. 각자 자신이 그리는 이상을 표현할 수 있는 좋은 소재가 될 것 같거든요.

　그렇게 하여 쓰인 시에는 아이들의 마음이 담겨 있다. 그 담긴 마음을 본다. 글에 귀를 기울이면 마음이 느껴진다. 그 마음을 안아준다. 마음을 안아주니 자연스럽게 친근한 관계가 형성된다.
　아이들에게 있어서 책이 주는 힘이 무엇일까? 한 아이의 〈책과 같은 사람〉이라는 제목의 동시다.

〈책과 같은 사람〉

책과 같은 사람은

지식이 많을 것이다.

나도 지식이 많아지고 싶다.

책과 같은 사람이 되려면

책을 많이 읽어야겠지?

책과 같은 사람이 되고 싶다.

  이 아이의 동시로 책은 지식과 연결되어진다는 사실을 알게 된다. 여기서 멈추지 않고 지식을 넘어 지혜를 주고 싶다. 그러면 〈책과 같은 사람2〉가 나오지 않을까?

  누군가에게 기여하는 마음을 갖는다는 것은 참다운 행복이다. 내가 가진 것을 나눠주고 그것을 통해 누군가에게 도약할 수 있는 발판이 된다면 얼마나 좋을까?

  전성이는 〈땅과 같은 사람〉이라는 동시를 지었다.

〈땅과 같은 사람〉

누군가를 도와주는

발판이 되어 주고.

누군가가 곡식을 기르게 해주고

누군가가 뿌리를 내려

살 수 있게 해주는


고마운 사람.


## 마법 같은 하루는
## 가까이에 있다

아이들의 학교생활 중 절대 빼놓을 수 없는 시간이 있다. 바로, 체육 시간이다. 아이들은 그 무엇보다 체육 시간을 좋아한다. 그와 더불어 기다리고 기다리던 시간이 하나 있었으니 그것은 바로 급식 시간이다.

주간학습안내와 급식안내서 받으면 아이들은 형광펜을 들고 체육이 언제 있는지, 좋아하는 메뉴가 나오는 날을 알록달록하게 꾸민다. 알림장에 붙이는 아이, 사물함에 게시하는 아이, 주마다 메뉴를 정리하여 책상에 놓는 아이 등 아이들에게 체육과 급식은 그날의 행복 지수를 높이는 최적의 시간이 된다.

은서는 체육 시간과 급식 시간을 '마법'이라고 표현했다. 해리포터의 마법봉은 우리 가까이에 있음을 알 수 있었다.

〈마법〉

체육은 마법이다.

메뉴도 마법이다.

체육시간 덕분에 더 맛있어지고

맛있는 메뉴 덕분에 더 맛있어진다.

마법 같은 일이 일어났다.

원래도 맛있던 급식이

마법으로 인해

더 더욱 맛있어졌다

수업 시간에 한 모든 활동이 시가 된다. 아이들과 함께 일상을 만들어 가면서 시도 함께 쌓아 가니 마법과 같은 하루하루를 맞이하는 기분이다.

◆ **초등 동시 쓰기 Tip** ◆

교과 과정을 거치며 느낀고 실천할 것을 써 봅니다. 쓴 글을 앞에서 연습한 동시로 변환하는 작업을 합니다. 또는 자신이 좋아하는 과목에 대한 단상을 적어 보는 활농도 좋습니다.

# 출발은
# 작은 점에서
# 시작해요

"방학 중에 인상 깊었던 일을 한번 발표해 볼까요?"

새 학기가 되면 이런 질문으로 아이들이 방학 중 인상 깊었던 장면을 글이나 그림으로 표현하여 이야기를 나누곤 한다. 이 또한 동시로 이야기를 나눌 수 있다.

**재욱**     선생님, 저는 방학 동안 식물 가꾸기와 친해진 시간이었어요. 식물이 자라는 모습을 보면서 많은 것을 느낄 수 있었거든요.

| 나 | 무엇을 느꼈을지 궁금하구나! |
|---|---|
| 재욱 | 제가 어린 식물이라는 것을 깨달았거든요. 그래서 동시 한 편을 썼어요. |

재욱이는 식물을 돌보며 자신을 식물과 동일시하는 경험을 했다. 물아일체, 아무나 할 수 있는 경험이 아니다.

나는 많은 것을 알려 주는

어린 식물이다.

언제나 나는 사람들에게

많은 것을

알려 주고 싶기 때문이다.

재욱이는 앞으로 글을 쓰면서 '나'라는 자아를 조금씩 알게 될 터이다. 동시가 그 첫 출발점이 되기를 바란다.

## 작은 점에서 생각이 피어난다

나는 조금 더 많은 아이들이 동시 쓰기에 어려움을 느끼지 않고, 자신만의 동시를 지어가길 바라면서 더욱 인상 깊은 일을 캐묻는다.

나 다른 친구들은 어떤 일이 가장 인상 깊었나요?
아이2 선생님, 저는 진짜, 진짜 생각이 떠오르지 않는데 어떡하죠?
나 생각이 떠오르지 않아서 고민이겠구나. 음, 이렇게 생각해 보면 어떨까? 그 떠오르지 않는 생각을 글로 쓰는 거지. 그 느낌 그대로 글을 써보렴.
아이2 생각나지 않는 것을 동시로요?
나 선생님은 점 하나를 찍어도 동시가 완성된다고 생각해.
아이2 그래요?

생각나지 않아서 답답한 아이의 심정을 그대로 동시에 녹여보라고 말했다. 그러더니 아이는 무의식에서 나오는 것을 그대로 쏟는다. 누군가는 단순하고 쓸모없는 글이라고 생각할지도 모른다. 하지만 글은 거기에서부터 시작된다. 그것이 글을 쓰는 힘이다. 생각이 없다는 자신의 생각을 바라보는 힘. 그때부터 아이들의 새로운 생각이 피어난다.

〈생각이 떠오르지 않는 날〉
오늘 국어시간에는 시를 쓴다
그런데 생각이 안나….
그림도 뭘 그릴지 모르겠어….
어떡하지 어떡하지 뜸들였다

아, 난 떠올랐다
제목을 생각 없는 날로 하면 될까?
근데 나는 다른 제목이 하고 싶어졌다.

아, 생각이 떠오르지 않는 날로 해야겠다.
그렇다.
나는 이것도 힘들다.

나는 아이가 자신의 생각을 바깥으로 꺼내 표현했다는 점 자체를 칭찬하고 싶다. 그렇다. 저렇게 생각을 정리하는 것도 동시다. 아이들의 생각은 어떻게든 표현되어야 한다. 떠오르지 않는 생각도 시가 될 수 있다는 것, 아이들이 동시 쓰기를 어려워하지 않고 재미있어하는 이유가 된다.

## 실수해도 괜찮아

학급을 운영하다 보면 수많은 실수를 목격한다. 아이들도, 그리고 1년을 이끌어가는 교사인 나도 역시 실수투성이다. 실수는 나쁜 것이 아니다. 비난하거나 헐뜯기 위해 있는 것이 아니다. 실수는 한 걸음 나아갈 수 있는 발판을 마련할 수 있는 도구가 되기도 한다.

실수했을 때 이것을 어떻게 대처하느냐에 따라 학급 분위기는 달라진다. 우리는 이를 가리켜 '아름다운 실수'라 칭한다. 나는 아이들이 실수를 너무 크게 생각하지 않도록 돕고 싶다. 그래서 코리나 루켄의 《아름다운 실수》라는 책을 함께 읽는다.

이 책은 제목에서부터 알 수 있듯 실수를 하며 성장하는 우리 모두를 위한 그림책이다. 캔버스에 찍은 작은 얼룩이 점차 위대한 그림이 되는 발판이 된다는 이야기이다. 얼룩은 실수가 될 수 있고, 위대한 씨앗이 될 수 있다. 우리는 실수를 아름답게 승화시킬 수 있다.

윤서의 시는 그런 의미에서 우리에게 실수를 바라보는 삶의 태도를 알려 준다. '그럴 수도 있지'라는 실수에 대한 마법 문장을.

〈그럴 수도 있지〉

우리는 모두 실수를 할 수 있어.

그 실수를 했다고 오해 받을 일이 많을 거야.

우리 누구나 실수를 한다.

하지만 그럴 수도 있다.

그 실수는 우리가 하고 싶어 하는 하는 것이 아니다.

괜찮아. 그럴 수도 있지.

사람은 누구나 실수를 한다.

승민이에게는 마법같은 능력이 있다. 붓펜 하나로 생각을 자유롭게 끌어낸다. 책을 바라보는 태도, 배움에 대한 자세, 관점에 대한 차이, 무엇보다 선생인 '나'에게 주는 감동적인 메시지는 붓펜 끝에서 전해지는 가르치는 행복을 느끼게 한다. 덕분에 내가 나아가야 할 방향을 알게 되었으니 어찌 감사하지 않을 수 있으랴.

승민이가 쓴 3편의 동시 전문이다. 작은 아이에게서 어떻게 이런 깊은 생각이 나오는지 신기할 따름이다.

〈실천〉

배우는 건 좋다

허나 실천하지 않으면

배우는 것이

무슨 소용이 있겠는가

〈콩〉

껍질을 벗긴 콩이나

안 벗긴 콩이나

별반 차이 없는데

어찌 이런 대우를...

〈선생님〉

나는 콩이다

껍질이 안벗겨져 있는

콩

하지만 선생님은

그런 나의 껍질을 벗겨주셨지

이 어찌 감사하지 않을 수가 있나

◆ **초등 동시 쓰기 Tip** ◆

커다란 생각에서 글을 쓰는 것이 아닙니다. 작은 생각에서부터 시상은 시작되지요. 생각이 나지 않는다는 그 마음도 괜찮습니다. 작은 것에서부터 발전시켜 나가는 글쓰기의 즐거움을 알려주세요.

# 성취감을 높여 주는 글쓰기1

 나는 아이들과 함께하는 도전을 즐긴다. 《시도하지 않으면 아무것도 할 수 없다》라는 세계적인 연설가 지그지글러의 책 제목에서도 나와 있듯이 결과물은 수많은 시도 끝에 만들어지는 법이다.
 그래서 나는 도전이 모여 있는 공모전 사이트를 활용한다. 그곳에서 문학, 수기 부문 중 시 쓰기 관련 내용은 빠짐없이 확인하곤 한다.
 어느 날, 지역 사랑 백일장 공모전을 개최한다는 소식이 떴다. 마침 지역사회(우리 고장 나들이)를 공부하던 찰나였기에, 아이들과 우리 고장에 대한 동시 쓰기 시간을 가졌다. 마침 벚꽃이 피던 시기였다.

| | |
|---|---|
| 나 | 우리 고장과 관련된 시 쓰기를 하려고 해요. 소재를 무엇으로 하면 좋을까요? |
| 아이1 | 요즘 피는 벚꽃이요. |
| 아이2 | 저는 평택항으로 하고 싶습니다. |
| 아이3 | 우리 도시를 발전시켜 주는 역이요. |

한 아이는 이렇게 이야기한다.

| | |
|---|---|
| 아이4 | 저는 길이요. |
| 나 | 길? 길을 어떻게 표현할 수 있을까요? |
| 아이4 | 4계절을 나타낼 수 있는 길로 표현해 보고 싶어요. |
| 나 | 4계절 길이라. 뭔가 알록달록한 우리들의 길이 느껴지는걸요. 기대됩니다. |

그림까지 덧입히니 〈평택의 길〉이라는 한편의 아름다운 길이 완성되었다.

〈평택의 길〉

평택의 봄 길은

아름다운 벚꽃길

평택의 여름 길은

푸릇한 나뭇잎 길

평택의 가을 길은

붉은색 길

평택의 겨울 길은

또드득 눈길

은서도 손을 들고 자신이 쓴 동시를 발표했다.

**은서**   선생님, 저는 길가에 떨어지는 벚꽃 잎을 보고 일기 형식으로 썼어요. 겨울이 가고 봄이 온 것을 반겨 준다고 표현했습니다. 제목은 〈봄〉이에요.

아이들은 저마다 자신만의 눈으로 봄을 마주하고 있었다.

〈봄〉

길가에서 벚꽃을 보았다.

늦었지만 이제라도

실감이 나는 것 같다.

이제야 겨울인 줄 알았는데

봄이 벚꽃과 함께

나를 향해 반겨주었다.


## 공모전에 도전하며
## 키우는 자신감

  공모전에 관심을 가지다 보니 계절이 바뀔 때마다 일정한 패턴으로 공모전을 여는 곳도 알게 된다. 봄, 여름, 가을, 겨울은 누구나 맞이하는 계절이고, 그에 관한 생각을 표현하기 좋은 시 소재가 된다.

  '빛이 드는 창에 쓰는 글'이라는 뜻의 빛창공모전을 꾸준히 몇 년 동안 진행해 온 한 지역 안과는 어느덧 35회 동안 '시인이 되다'라는 주제로 시민들의 관심을 끌었다. 1인당 3편씩 30글자 내외로 표현하는 시였기에 매년 아이들과 도전을 하고 있고, 몇 명의 친구들은 입선하기도 했다.

  내 글이 선정되어 안과에 크게 걸린다고 생각해 보면 기분이 어떠할까? 선정되면 좋고, 선정되지 않아도 괜찮다. 쓴 시를 모아서 우리는 다른 방법으로도 출간할 수 있기 때문이다.

아름다운 사람들의 밝고 따뜻한 이야기의 글이 들어 있는 《좋은생각》, 한 번쯤은 읽어봤을 것이다. 여기에도 시를 응모할 수 있다. 원고 응모에 들어가면 '좋은 님 시 마당'이란 코너가 있는데 원고량은 자유이고, 상시 접수할 수 있다.

공모전에 다양한 주제의 문예제가 열린다. 읽다 보니 재미있는 주제가 보인다. 이번 공모전에 도전하는 자는 우리 집 쌍둥이들이다.

'해군 호국 문예제, 푸른 바다에 기상을 펼쳐라.'

운문(시)은 A4 한 장 내외이기에 도전할 만하다. 시온이의 도전하고자 하는 모습에 응원을 함께 보낸다.

　나　　해군을 어디에 비유하면 좋을까?

시온이가 몇 날 며칠 고민한 흔적이 역력하다. 시온이는 결국 '해군-물-제주-돌하르방'까지 이미지를 연결해 한 편의 시를 완성했다.

〈해군은 돌하르방〉

해군은 돌하르방 같아.

단단하고 씩씩한 모습처럼

우리 바다를 든든하게 지켜.

믿음직한 해군을 보면

마음이 사르르 녹지.

우르르 쾅쾅 천둥에도

찰싹찰싹 파도에도

끄떡없는 돌하르방.

그리운 가족도 우리 모두도

돌하르방 해군을 위해 기도해.

  감사하게도 동상을 받아 해군참모총장상 시상식에 초청되어 가족이 모두 서울함 공원에 다녀왔다. 자신이 쓴 시가 누군가에게 호의적으로 평가를 받는다면 기분이 어떨까?
  상을 받고 나니 우리 아이들은 매일 1편 이상은 시를 쓴다. 밥 먹다가 생각나면 시를 쓴다. 놀다가 생각나면 시를 쓴다. 책을 읽다 생각나면 시를 쓴다. 자고 일어나 생각나면 시를 쓴다. 멍 때리다 생각나면 시를 쓴다. 잘 쓰고 못 쓰고, 누군가의 평을 받는 것이 아니라 일단 쓴다.

어느덧 쌍둥이가 쓴 100편의 동시가 모였다. 이제 이것을 어떻게 활용할 수 있을까? 고민할 필요가 없다. 책으로 출간하면 되니까. 원고를 모아 출판사에 문을 두드려 보았다.

놀랍게도 계약이 되어 지금 이 글을 쓰는 순간 동시 퇴고를 하고 있는 쌍둥이 모습이 보인다. 어떤 책으로 탄생될지 기대가 되는 하루하루다. 시도하지 않으면 아무 일도 일어나지 않는다. 그러나 시도하면 좋은 일들이 가득 일어난다.

◆ **초등 동시 쓰기 Tip** ◆

글쓰기에는 성취가 무척 중요합니다. 칭찬과 더불어 상을 만들어 보상을 주는 것도 글쓰기를 장려하는 데 효과가 좋습니다. 아이가 어느 정도 글을 쓴다면 대외 공모전에도 출품하는 활동을 해 보기를 추천합니다.

# 성취감을 높여 주는 글쓰기2

 동시로 상을 받은 우리 집 아이들은 탄력을 받아 동시 쓰기에 더욱 즐거움을 느꼈다. '제1회 목일신 백일장'을 연다는 소식을 듣고 쌍둥이들은 도전을 했다.

 목일신 백일장은 목일신문화재단에서 아동문학가 은성 목일신 선생의 탄생 110주년을 맞이하여 선생의 문학 정신을 계승, 발전시키고 문학적 소양을 가진 '소년 목일신'을 발굴, 육성하기 위해 개최되었다. 동시 쓰기를 좋아하는 쌍둥이들은 그동안 쓴 동시 중 마음에 드는 3편을 골라 지원했다.

 온라인으로 접수된 작품 중 저학년부 10명, 고학년부 10명,

총 20명이 선정되어 부천시립 별빛 마루 도서관에서 현장 백일장을 치렀다.

우리 쌍둥이 둘 중 한 명이 예선을 통과하고 본선에 나가게 되었다. 가문의 영광스러운 순간!

## 소년 목일신을 꿈꾸다

목일신은 누구인가. 모두가 아는 국민동요 "♬ 따르릉따르릉 비켜나세요"라는 〈자전거〉를 지은 작가이다. 〈자전거〉는 그가 초등학교 5학년 때 목사이신 아버지가 선교사로부터 기증받은 자전거를 목회가 없을 때 양보해 주시면 등하굣길을 오가며 타다가 지은 동시라고 한다. 누구보다 어린이를 사랑했던 아동문학가 목일신, 흡사 방정환 선생을 보는 것 같다.

최근에 목일신 동시 전집인 《산시내》가 출간되었고, 주옥같은 작품 160편이 담겨 있다. 초등학교 5학년 때부터 시를 짓고 무엇보다 일상에서 시를 발견하여 읽는 이로 하여금 편하게 시에 접근할 수 있었으니 참으로 일상을 바라보는 관찰력이 대단하다는 생각이 든다.

이런 곳에 초대되어 소년 목일신의 영광을 누릴 기회를 얻은 것이다. 이른 아침 가족이 모두 함께 본선 장소인 도서관으로 이동했다.

그동안 다양한 지역 도서관을 탐방했는데 가히 으뜸이다. 커다란 도서관으로 입장하며 아이에게 말을 걸었다.

| | |
|---|---|
| **나** | 하온아, 긴장되니? |
| **하온** | 네, 하지만 즐거울 것 같아요. |
| **나** | 그래, 즐기는 자를 이길 수는 없어. 무엇보다 결과가 어떻든지 과정을 즐기면 되는 거야. 여기까지 온 네가 정말 자랑스럽구나. |
| **하온** | 가족이 이렇게 함께 응원해주니 힘이 나요. 잘하고 오겠습니다. 화이팅. |
| **나** | 화이팅! |

그동안 다양한 공모전에 참석해 내공을 쌓은 하온이다. 주로 미리 만든 작품으로 출전했는데 이날은 현장에서 글을 쓰는 첫 공모전이다. 그동안 하온이가 해온 독서와 글쓰기를 마음껏 뽐낼 시간이다.

같은 공간에 있지만 2시간이라는 긴 시간 동안 혼자 동떨어져 태어나서 처음으로 백일장을 맞이하는 하온이의 뒷모습이 참으로 대견하다. 나는 이런 경험이 있었던가? 글쓰기 백일장은 중학교 때 1년 중 하루 행사(모든 인원 참여)를 했던 것이 전부다. 아빠도 해 보지 못한 이 경험은 하온이가 앞으로 살아가는 데 있어서 매우 의미 있고 뜻깊은 날이 될 것이 분명하다.

대회가 끝나자 소년(소녀) 목일신 친구들의 모습이 서서히 보인다. 목일신 재단이 운영하는 곳에 가서 체험도 하는 등 도서관 곳곳이 분주한 모습이 보인다.

| 나 | 수고했어. 느낌이 어때? |
|---|---|
| 하온 | 잘 모르겠어요. 그래도 쓰고 싶은 것 마음껏 썼어요. |
| 나 | 주제는 뭐였어? |
| 하온 | 주제어가 '자전거'와 '별'이었는데 저는 '별'로 썼어요. |
| 나 | 어떻게 표현했는지 기억나? |
| 하온 | 연습 없이 생각나는 대로 써서 정확히는 아니지만 대략 이런 글이에요. |

〈별〉

소곤소곤 깜깜한 밤의 아기별들이

나를 찾아 크게 크게 부르고 있어.

잠에서 깨면 별들이 기다렸다는 모습으로
나를 높은 하늘로 데려가지.

안녕! 안녕! 내일 밤에 또 만나.

**나**     와, 생각이 아주 많이 기발한걸. 너무 잘했어. 이제 즐거운 상상만 하자고.

마음 씀씀이도 별처럼 환히 빛나는 하온이. 이제 결과 발표만이 남았다. 소년 목일신 친구들 20명과 가족들 모두 한자리에 모여서 결과 발표를 듣고 있다.

가장 먼저 입상을 발표했지만, 하온이의 이름이 나오지 않는다. 아내와 나는 주먹을 불끈 쥔다. 듣고 있는 하온이도 긴장되는지 얼굴이 상기되어 있다.

**사회자**     다음은 장려상입니다. 저학년 ○○○, 고학년 ○○○

장려상에도 없다. 설마, 혹시!!! 즐거운 상상을 해본다.

**사회자**　다음은 우수상입니다. 저학년에 김하온, 고학년 ○○○.

　대상 바로 다음인 우수상을 탔다. 상장과 장학금 30만 원을 주는 거대한 상이다. 상을 떠나서 참으로 멋진 이야기를 펼친 하온이. 스스로도 얼마나 대견할까? 책을 사랑하고, 글을 사랑하는 마음이 변하지 않도록 어른으로서 힘껏 조력하고 싶은 마음이다.

　아이의 마음은 어쩌면 목일신의 마음과 같다. 있는 그대로 존중하는 마음이 사물에 투영되어 그들의 소리를 듣고 옮겨 적으니 한 편의 시가 되는 것처럼.
　나는 오늘 소녀 목일신을 보았다.

◆ **초등 동시 쓰기 Tip** ◆

아이들의 마음은 이미 시인의 마음과 같습니다. 사물을 있는 그대로 바라보고 존중하는 마음을 글로 옮기기만 하면 한 편의 시가 완성되지요. 거기에 보상까지 받는다면 더욱 글쓰기의 매력에 빠질 것입니다.

### 동시 쓰는
### 아이로 키우기　3

- 책을 읽고 느낀 점을 동시로 자유롭게 표현해 보는 방법도 있다. 똑같은 책을 읽어도 아이들은 저마다의 생각대로 동시를 짓는다. 아이들의 다양한 생각이 돋보이는 시간을 만들어 보자.

- 동시에 음을 붙여 노래를 만드는 방법도 있고, 아이들이 좋아하는 노래 가사를 분석해 보면서 글의 구조를 배워 볼 수도 있다.

- 학교생활, 교과 과정을 거치며 느낀 것, 실천할 것을 글로 써 보고, 그것을 동시로 변환해 본다. 아이들의 학교생활에 대한 생각을 살펴볼 수 있다.

- 글은 작은 생각에서부터 시작된다. 생각이 나지 않는다는 그 마음도 글감이 된다. 작은 것에서부터 발전시켜 나가는 글쓰기의 즐거움을 알려 주자.

- 글쓰기에는 성취가 무척 중요하다. 칭찬과 더불어 상을 만들어 보상을 주는 것도 글쓰기를 장려하는 데 효과가 좋다. 아이가 어느 정도 글을 쓴다면 대외 공모전에도 출품하는 활동을 해 보기를 추천한다.

## 4장.

# "리듬을 더해 감성 지수를 높여라"

• 동시로 집중력 키우기 **3단계** •

# 시도 쌓고
# 추억도
# 쌓아요

설현이가 무언가 끄적거린다. 다가가서 무엇을 하고 있는지 묻는다. 시를 쓰고 있다고 한다. 완성되면 선생님께 1등으로 보여 준다는 말과 함께 자기 팔로 내용을 가린다.

무슨 내용일지 궁금하다. 쉬는 시간을 거쳐 드디어 완성되었는지 수줍은 얼굴로 쪽지를 건네준다. 쪽지를 조심스럽게 펼쳐 보니 이런 글이 쓰여 있다.

〈I can fly〉

난 꿈이 있어.

너도 할 수 있어.

기대해 봐 아직 어려도

넌 할 수 있어.

난 널 믿어 모든 게

어렵고 힘들 때도 있지만

난 그렇지 않아 힘을 내 봐.

너를 믿어 I can fly.

나, 너, 우리 모두에게 힘이 되는 문구다. 쪽지를 받았는데 가만히 있을 수 없지. 2교시는 음악 활동에 들어간다.

**나** 우리 설현이가 선생님과 친구들을 위해 이런 동시를 지었어요. 설현이가 한번 낭독할 테니 마음의 소리를 잘 들어 보아요.

설현이가 동시를 낭독한다. 우리는 그 소리 하나하나에 귀를 기울인다. 설현이는 그저 자기 생각을 적은 글귀였지만 우리는 안다. 바로 나 자신에게 지속해서 들려줘야 하는 소리라는 것을 말이다.

## 음악의 힘은 크다

어린 시절, 우리 집 가정불화로 내 마음이 무너졌던 기억이 있다. 남들은 쉽게 가는 길을 우리 집은 늘 돌아서 가는 느낌이었다. 몸과 마음이 쉼 없이 낙담될 때 음악을 듣곤 했다. 이어폰을 귀에 꽂고 있으면 세상과 나는 단절이 되어 이상적인 꿈의 세계로 들어가곤 했다. 그때 나의 심신을 달래줬던 곡은 R. 켈리의 〈I Believe I Can Fly〉. 노래의 첫 구절부터 위로가 되었다.

I used to think that I could not go on.

(더 이상 견딜 수 없을 거라고 생각했죠.)

그때는 정말 그랬다. 모든 것을 내려놓고 싶을 정도였다. 당시 나에게 조금이나마 희망의 빛을 준 것은 음악이었고, 나는 늘 음악을 들으며 하루하루를 버티고 있었다. 밥을 먹을 때도, 공부할 때도, 잠을 잘 때도 음악을 들었다. 아마 어린 시절 나는 세상과 등을 지고 싶었나 보다. 아니, 세상에서 들려오는 나를 힘들게 하는 소리를 차단하고 싶었을지도 모른다.

어느 날 만난 〈I Believe I Can Fly〉의 가사는 이해가 되지 않았지만, 제목에서 느껴지는 설렘과 노래에서 느껴지는 알앤비

(R&B)의 미묘한 선율이 나의 가슴 깊은 곳을 자극하면서 눈물샘을 터트리기 충분했다. 당시 이 노래를 계속 듣기 위해 공테이프를 하나 사서 양면에 무한 복사하여 그 테이프가 늘어질 때까지 듣고 또 들었다.

 어느 날은 이 노래를 들으며 함께 울고, 웃으면서 밤을 지새우기도 했다. 내가 음악에 진심이 된 이유이다.

 설현이 덕분에 과거의 나를 소환할 수 있었다. 우리 아이들은 좀 더 좋은 세상에서 자라나길 바라는 선생님의 마음으로, 동시에 아빠의 마음으로 내가 다시 한 번 낭독했다. 구절 하나하나에 힘을 담았다.

 '꿈, 할 수 있다는 믿음, 어려움을 이겨내는 용기'

 즉석에서 우리는 간단한 화음 코드를 활용하여 곡을 만들었다. 아이들과 함께 부른다. 칠판에 옮겨 적어 우리는 어느새 하늘을 나는 듯 양팔을 쭉 펼치고 날아가는 시늉도 하면서 2교시를 보내고 있었다.

 이 노래는 어느 덧 우리 반의 공식 노래가 되었다. 기타를 들고 있으면 자연스럽게 아이들이 다가와 이야기한다.

**아이들** 선생님, 우리 〈I can fly〉 노래하고 시작하면 어때요? 네?

우리들의 꿈이 가사처럼 훨훨 날아오르길 바란다. 다연이도 쪽지를 가지고 온다.

**다연** 선생님, 제 시도 노래가 될 수 있나요?
**나** 물론이죠. 어떤 시를 지어 왔을까요?
**다연** 붕어빵이요.
**나** 붕어빵을 시로 적어 봤구나. 어떤 내용인지 궁금한걸.
**다연** 저는 붕어빵에 진심을 담았어요. 이틀에 한 번꼴로 먹거든요. 정말 맛있고, 종류도 얼마나 다양한데요.
**나** 자, 우리 다연이가 적어 온 시를 볼까?

공책을 보니 이것이 노래로 표현될 것을 이미 생각이라도 한 듯 중간에 간주도 적혀 있다.

〈붕어빵 Song〉

붕어 붕어 붕어빵

슈크림 팥 피자 치즈

붕어 붕어 붕어빵

맛있는 붕어빵.

뜨끈뜨끈 맛있는 붕어빵

노란 노란 뜨끈하게 구운 붕어빵

뜨끈뜨끈 맛있는 붕어빵

언제나 먹어도 맛있어.

이제 기타를 꺼내 간단한 코드 진행을 짠다. 텔레토비 노래가 떠올랐다. 코드 3가지만 가지고도 노래가 되는 D-G-C 코드 계열로 흥얼거린다. 또 하나의 감각적인 느낌이 좋은 곡이 탄생했다. 다연이와 함께 불러 본다. 내가 선창하고, 다연이가 후창한다. 충분한 연습을 한 뒤 이번에는 처음부터 마지막까지 불러 본다. 저마다 각자 쉬는 시간을 보내던 아이들이 우리 주변으로 모여든다.

**아이들** 선생님, 이번에는 누구의 시로 만든 노래인가요?

| | |
|---|---|
| | 궁금해요. 불러주세요. |
| 나 | 다연이의 시를 노래로 표현해봤어요. 일명 〈붕어빵 Song〉 |

그동안 연습한 곡을 노래 다연이와 함께 불러 본다. 아이들은 저마다 숨죽이며 듣는다. 노래를 마치니 우레와 같은 박수가 쏟아진다.

| | |
|---|---|
| 아이2 | 붕어빵이 종류가 그렇게 많은지 몰랐어. |
| 아이3 | 멜로디가 입에 착착 붙는걸. |
| 아이4 | 다연아, 언제 이런 멋진 시를 지었냐. 부럽다. |

아이들은 저마다 우리에게 칭찬 일색이다. 다연이도 좋고, 나도 좋고, 무엇보다 우리 모두 좋다. 또 한 명의 친구가 온다.

| | |
|---|---|
| 아이5 | 선생님, 저는 5학년 1반에 대한 시를 지었어요. 학기 초라서 조금 쑥스러움이 담긴 시에요. |
| 나 | 어디 보자. 표현력도 좋고, 무엇보다 마음이 담겨 있으니 더 빛나는걸. 글에 어울리는 그림까지. 이런 글을 그냥 지나칠 수 없지. 기타 출동! |

〈5학년 1반〉

5학년이 시작되었네.

교실 문을 열고 들어가니

심장이 쿵쾅쿵쾅.

새로운 선생님과 반가운 친구들

그리고 새로운 얼굴들이 보이네.

음~음~음~

자주 놀던 친구들은 몇 반이 됐을까?

괜찮아, 새 친구들과도

1년 동안 친하게 지내면 돼.

5학년이 시작되었네.

밀알샘과 함께하는 1년.

또 하나의 명곡이 태어난 순간이다. 아이들의 시를 노래로 표현하면 좋은 점이 있다. 글 속에 아이들의 생각이 들어 있고, 관심사가 들었다. 이것을 가지고 서로 이야기할 수 있으니 소통 창고가 하나 더 생긴 셈이다. 아이들은 모를 것이다. 이러면서 글과 친해지고 있다는 사실을, 쓰면서 생각과 친해지고 있다는 사실을, 무엇보다 자신의 가능성을 조금씩 발휘하고 있다는 사실을 말이다.

이렇게 자신의 시가 노래가 된다면 이 아이는 이 글이 어떻게 느껴질까? 아마 죽을 때까지 잊지 못할 순간이 될 것이다. 그렇다면 아이에게 있어서 '나'란 존재는 어떻게 비칠까? 아마도 부정적인 것보다는 긍정적인 면으로 기억이 될 것이고, 함께했던 이 1년의 생활이 두고두고 좋은 순간으로 남을 것이다.

## 시로 인연을 이어가다

시를 노래로 만들어 준 친구들은 매년 거의 연락이 온다. 그만큼 시 노래 덕분에 끈끈하게 연결되어서이지 않을까? 시를 쓴 친구도 좋고, 노래를 완성한 나도 좋고, 함께 즐겁게 부르는 우리 또한 모두 좋은 3박자를 두루 갖춘 우리만의 추억이 된다.

2003년, 교직에 첫발을 들였을 때 어떤 교사가 되고 싶은지 상상했다. 초등학교 시절 생각나는 5학년 때 옆 반 선생님의 모습이 떠올랐다. 항시 교실에 기타가 있었고, 틈만 나면 기타 소리와 아이들이 함께 노래 부르던 모습이 내겐 부러움의 대상이었다. 내가 교직에 입문하면서 그런 선생님의 모습으로 살아가고 싶었다.

지금, 내가 당시 그리던 교사의 모습으로 살아가고 있다.

잠시 화장실에 다녀오니 내 책상에 무언가 소복이 쌓여 있다. 아이들의 시다.

아이4    선생님, 다음은 제 것도 해 주세요.

큰일이다. 언제 저것을 모두 노래로 만든담.

나    그래 까짓것. 오늘 못하면 내일 하면 되니까 선생님이 천천히 하나씩 만들어 볼게요. 일명 '월간 밀알샘'입니다.

◆ **초등 동시 쓰기 Tip** ◆

아이들이 지은 동시에 날개를 달아 주는 일은 여러 방법이 있습니다. 노래를 입혀 주는 방법도 있고, 칭찬을 해 주는 방법도 있고, 어딘가에 아이의 작품을 전시해 놓는 방법도 있지요. 응원으로 인해 아이들은 글쓰기에 진심이 되어 갈 것입니다.

# 노래의 힘, 동시의 힘

학기 초가 되면 아이들과 '반가'를 만든다. 처음부터 마지막까지 아이들과 함께 만든다. 이때 필요한 준비물은 거창하지 않다. 포스트잇과 기타 하나면 충분하다. 보통 이런 방법으로 만든다.

1. 포스트잇에 넣고 싶은 가사를 써서 칠판에 붙인다.
2. 가사를 유목화한다.
3. 처음, 중간, 끝을 생각하며 칠판에 가사를 쓴다.
4. 8줄(32마디)로 만든다(*앞부분 16마디 반복해서 총 48마디로 완성).

5. 한 소절씩 입에 익을 때까지 불러 본다.
6. 곡을 완성한다.

나는 내가 맡은 반을 '밀알 반'이라고 부른다. 어느새 2022학년도 밀알 반은 18기가 되었다. 우리 반 아이들과 즐겁고 행복한 가사를 완성하기 위해 다양한 아이디어를 모았다. 한 아이가 어떤 프로에서 익스(Ex)의 노래인 〈잘 부탁드립니다〉를 인상 깊게 들었는지 들어가는 부분을 똑같이 하자는 의견을 냈다.

| | |
|---|---|
| 아이1 | 선생님, 우리도 익스의 노래처럼 우리 반에 초대한다는 의미로 '안녕하세요. 우리는 밀알 반 18기입니다'를 넣으면 어떨까요? |
| 나 | 기발한데요. 그것을 시작으로, 다음 가사는 이 가사를 연결하면 좋겠다. 다음은 어떻게 연결할까요? |

우리는 칠판에 붙여진 포스트잇을 이리저리 연결하며 우리만의 멋진 가사를 완성하였다.

〈밀알반 18기 반가〉

안녕하세요. 우리는 밀알반 18기에요.

코로나 때문에 거리를 두지만

항상 꽃처럼 웃어 봐요.

우리의 마음은 하나랍니다.

좋아요 좋아요 너무 좋아요.

행복하고 친하며 사이좋게 지내요.

서로 배려하고 함께 협동해요.

꿈을 향해 달려가는 밀알 반 18기에요.

가장 대중화 격인 C 코드를 시작으로 코드 진행을 완성하니 꿈을 향해 달려가는 천진난만 아이들의 모습이 그려지는 곡이 완성되었다.

### 함께 부르는 노래

앞서 만든 〈I can fly〉와 〈밀알반 18기 반가〉를 이틀 만에 만들고 나니 한 친구가 이야기한다.

아이2     선생님, 우리 매일 이렇게 노래만 만들어요

아이3     맞아요. 우리가 가사 만들고, 선생님이 뚝딱 멜로

|     | 디를 만들어 주시니깐 음악이 완성되는 것이 재밌고 신기했어요. 우리 만날 음악만 해요. |
| --- | --- |
| 나 | 요놈들. 여러분들의 속내가 보이는데요. 좋아요. 올해는 시도 많이 쓰고, 그것을 음악으로도 많이 표현하자고요. 선생님도 이렇게 좋은 가사에 곡을 만들 수 있어서 참 좋아요. 이 모든 것은 다 여러분 덕분이에요. 자, 우리 여기까지 함께해준 친구들의 고마움을 가득 담아 서로를 위해 손뼉 쳐 보아요. 짝짝짝! |

　아이들의 환한 웃음이 좋다. 이것이 교육이지 않을까? 거창하지 않아도 하나씩 아이들과 만들어 가는 교실. 나는 언제나 백지에서 시작한다. 점을 찍든, 선을 그리든, 면을 만들든 아이들과 함께하다 보면 뭔가는 만들어진다.

　같은 교육과정이라도 매년 아이들의 생각과 경험이 다르니 다르게 나올 수밖에 없다. 다르다는 것은 이런 것이다. 획일화된 결과를 가져오는 것이 아닌 다양한 과정 속에서 다양한 결과가 나타나는 것. 내가 교육 현장을 좋아하는 이유다. 매일 다르게 사니 새롭다.

| 아이4 | 선생님, 오늘은 제 가사로 노래 만들어 주세요. 어제 밤을 새우며 지은 가사란 말이에요. |
| --- | --- |
| 나 | 알았어. 알았어요. 누가 번호표 좀 만들어 줄래요? 순서를 지켜야 합니다. |

음악과 시가 나에게 주는 힘이 세다. 교실에서 기타 하나 들고 아이들의 글을 음악으로 만든다. 나도 좋고, 아이들도 좋다. 좋은 사람들끼리 모여서 만든 음악이라서인지 오늘도 기타를 멘다.

아이들과 협동시를 짓고 노래를 만들어 함께 '떼창'을 부른다. 기타를 칠 수 있으니 교단에서 좋은 점이 한둘이 아니다.

1. 아이들과 즐겁게 노래 부를 수 있다.
2. 아이들의 시를 노래로 표현하기 쉽다.
3. 이렇게 서로가 하나 되어 협동시를 반가로 만들 수 있다.
4. 기타 연주에 관심 있는 제자를 키워 음악이 주는 매력을 학급에 전파할 수 있다.
5. 무엇보다 아이들이 좋아한다.

음악 전담을 1년 동안 한 적이 있는데 이때 나의 주요 악기는 기타였다. 기타를 들고 아이들이 좋아하는 노래를 부르면서 교실 곳곳을 이동할 때면 어느새 한 명씩 내 뒤를 따라와 하나의 기차가 된다.

기차 소리는 칙칙폭폭의 화음이 되어 아이들의 미소와 어우러져 행복을 노래할 수 있었다. 그때는 수업을 위해 기타를 활용했다면 지금은 수업을 넘어 아이들과 함께 동시 노랫말을 만들고 멜로디를 입혀 유일무이한 우리만의 음악을 만든다. 뭔가 거대한 일을 한 것 같은 기분이 든다. 새로 만나는 아이들과는 어떤 반가가 나올지 기대가 되는 시간이다.

◆ 초등 동시 쓰기 Tip ◆

노래에는 힘이 있습니다. 학교에서 아이들과 노래의 힘을 많이 경험했지요. 노래를 만들기 위해 동시를 지어 보도록 하는 것도 의미 있는 일이 될 것입니다.

# 어른이 먼저 해 봐요

　수업 놀이 연수를 위해 충북 영동에 있는 한 초등학교를 방문했다. 구슬하게 내리는 비가 영동으로 가는 길을 촉촉하게 적셨다. 나는 조금씩 내리는 비의 모습을 좋아한다. 맞아도 맞은 것 같지 않은 듯한 느낌, 찌든 삶을 풀어 주는 느낌, 무엇보다 더위를 시원하게 식혀 주는 이 느낌이 좋다.

　수업 놀이 중 하나인 협동시를 시작으로 연수를 시작한다. 선생님들과 우연적인 효과로 만들어지는 협동시를 좋아한다. 하나의 주제를 던지고 그것에 대해 생각나는 문장을 완성한 뒤 적절히 순서를 맞춰 보면 한 편의 시가 우리를 맞이한다.

| 나 | 선생님들, 안녕하세요. 지금의 몸 건강 지수를 왼손가락으로, 마음 건강 지수를 오른손가락으로 표시 한 번 해볼까요? 각각 5점 만점, 총 10점 만점이 되겠습니다. 손가락을 펼쳐 주세요. 하나 둘 셋. |
|---|---|

선생님들의 손가락이 저마다 펼쳐진다. 방과 후에 진행되는 연수다 보니 다들 지쳐 보인다. 그중 손가락을 가장 많이 펼친 한 분이 보인다.

| 나 | 선생님, 오늘 에너지가 좋으시네요. |
|---|---|
| 선생님1 | 네, 수업 마치니 기분이 좋습니다. |
| 나 | 선생님들과 협동시를 지을 텐데 혹시 주제 하나 정해 주실 수 있으실까요? |

고민하시더니 전혀 예상치 못한 말씀을 하셨다.

| 선생님1 | 지금 비가 내리고 있으니 '비가 오는 날'이요. |
|---|---|

대부분 교육과 관련된 소재를 말하곤 했는데 신박한 생각이었다. 협동시는 이처럼 내가 생각하지 못한 것을 다른 사람이

생각하면서 발견하는 매력이 있기에 자주 활용하는 시 놀이 도구 중 하나다.

**나**   와, 전혀 예상치 못한 소재입니다. 선생님들 각자에게 A4 용지를 드립니다. 여기에 〈비가 오는 날〉과 연상되는 문장을 써 보실까요?

선생님들도 당황한 기색이 역력하다. 하지만 우리가 누군가, K-교사가 아닌가. 잠시 생각에 잠기더니 쓱싹 펜 소리가 연수 장소에 울려 퍼진다. 글로벌하게 영어도 쓰는 분도 계시고 마침 비가 와서 그런지 감성이 풍부한 표현이 가득하다.

## 한 구절씩 더해 시를 완성하다

칠판이 한 분씩 쓴 글들로 채워진다. 열 명 조금 넘는 선생님 숫자였기에 딱 한 편의 시 만들기 좋은 숫자다.

**나**   선생님들께서 나오셔서 시로 구성할 문장의 순서를 한번 맞춰 볼까요?

선생님들 모두가 칠판 앞에 모였다. 서로의 글을 뗐다 붙였다 하면서 한 편의 시가 완성되었다.

〈비가 오는 날〉

하늘에서 비가 내려요.

소리 없이 빗방울이 내려오는 날

비 오는 날엔 우산이 필요해.

빨리 뛰자 차까지 쏘옥

비가 오는 날.


비 오는 날은 밖에 나가기 싫어요.

집에 있고 싶어요.

토독 토독 비 오는 날에는

막걸리에 파전 호로록


촉촉이 땅을 적시는

시원한 물방울.

Rain go rain, it's raining.

첨벙첨벙 내가 나일 수 있는 날이 왔다.

Rain go rain 비가 오는 날.

협동시는 노래로 표현하면 더욱더 효과적이다.


나 　　제가 이것을 연수 마치고 가서 노래로 표현해드리
　　　　겠습니다. 저작권 괜찮을까요?
선생님1　그럼요. 감사한걸요. 그런데 가사 중 'Rain go rain,
　　　　it's raining'은 표현하시기 어려울 것 같은데요.

영어로 적어 주신 선생님도 멋쩍은 듯 웃음을 터뜨린다.

나　　　제가 영어를 좋아합니다. 선생님 덕분에 노래가
　　　　국제적으로 만들어질 것 같아요.

그렇게 만들어진 〈비가 오는 날〉. 만든 곡을 선생님들께 공유해 드리니 이런 답변으로 돌아온다.

선생님3　이렇게 양질로 만들어 주시다니. 흐흐 가사를 더
　　　　살려주셨네요.
선생님4　자작시로 노래 만들어 주시다니~ 영상 보며 노래
　　　　를 듣는 순간 냉장고에 있는 막걸리 꺼내올 뻔했
　　　　어요. 비가 오는 날 영상도 너무 예뻐요.

비가 오는 날이면 선생님들과 함께한 협동시 활동이 떠오른다. 동시 쓰기는 아이만 할 수 있는 것이 아니다. 어른이 먼저 해 보고, 아이와 함께 써 보면 즐거움은 두 배가 된다.

**비가 오면 이 노래를 들으며 막걸리와 파전을 먹으러 나간다.**

◆ **초등 동시 쓰기 Tip** ◆

아이들에게 동시를 짓게 하려면 어른이 먼저 동시를 지어 보는 활동을 해 보세요. 동시를 짓기 위해 어떤 감성을 써야 하는지, 생각을 해야 하는지 먼저 경험해 보고 아이와 함께 하기를 추천합니다.

# 아이와 함께
# 가족 노래
# 만들기

 

우리 가족은 '함께하기'를 좋아한다. 함께 도서관 가기, 함께 책 읽기, 함께 글쓰기, 함께 릴스 찍기, 함께 유튜브 출연하기, 함께….

아이에게 주고 싶었던 것이 따뜻함이었고, 그것을 느끼고 자란 아이들은 사랑이 가득하며, 사랑할 줄 알고, 주는 것이 가능하기에 함께하며 하나가 되는 활동을 많이 하는 편이다.

함께하기 좋은 방법 중 하나가 바로 가족의 공동 목표를 정하는 것이다. 앞서 언급한 공모전을 활용하면 그곳에 가족이 함께할 수 있는 것들이 많다. 그중 하나가 바로 반도문화재단에서 실시한 가족 시화 공모전이었다.

- **작품 주제: 가족**
  - 우리 가족에 관한 생각, 가족의 의미, 가족의 추억이 담긴 에피소드, 부모·자녀 등 가족 구성원에 관한 생각 등과 같이 가족과 관련된 소재라면 무엇이든 자유롭게 시와 그림으로 표현하시면 됩니다.
- **참가 대상: 경기도 거주자**
  - 작품 제작에 참여하는 가족 중 1인만 경기도 거주자여도 참여 가능합니다.
- **작품 규격/수량**
  - 4절지(39.4cm × 54.5cm) 또는 8절지(27.2cm × 39.4cm) 크기 작품 1점
  - 캔버스, 한지 등 사용 시 위와 유사한 크기로 제출 가능
- **작품 형식**
  - 2인 이상의 가족이 함께, 손으로 직접 쓰고 그린 시화(詩畫) 작품
  - 평면 작품으로 하며, 작품 재료(물감, 크레파스 등)는 제한 없음

'가족'이란 키워드도 좋고, 경기도에 거주도 하고 있으며, 그림을 좋아하기에 4절지에도 얼마든지 표현할 수 있다. 시도 잘 지을 수 있고, 그림도 그릴 수 있으니 딱 우리 가족이 참여할 수 있도록 문을 열어 놓은 셈이다. 못할 이유가 없다. 할 수 있도록 서로 독려한다. 무조건 부모가 끌고 가지 않고 아이들과 함께 고민하고 실천한다.

나     하온, 시온아 우리 시 공모전에 나가 볼까? 보니까 가족에 대한 시를 짓고 그림을 그리면 되더라고. 잘하면 상금도 있어. 어때? 도전해 볼까?

하온, 시온   응 아빠, 우리 같이 만들어 봐요!

아이들은 함께하는 도전을 좋아한다. 혼자가 아닌 함께라서 용기가 생기는 것 같다. 함께 머리를 맞대어 실천할 수 있는 것들을 브레인스토밍한다.

포스트잇을 가져와서 우리가 할 수 있는 것들을 포스트잇 하나에 하나씩 적는다.

- 시 쓰기
- 그림 그리기

여기까지는 기본이고 우리는 특색 있는 작품을 만들기 위해 추가로 아이디어를 내기 시작했다.

- 그림 액자 만들기
- 시 노래 짓기
- 시 노래에 맞는 뮤직비디오 촬영하기
- 영상을 QR코드에 연결하여 액자에 붙이기

여기까지 아이디어가 모이니 제출하는 날을 정하여 하나씩 해나간다. 어떻게? 함께.

## 가족의 놀이처럼 재미있게

함께 아이디어를 나눴다면, 각자 어떤 것을 잘하는지 서로에게 물어본다.

하온   아빠는 잘 가르치고, 마술, 기타, 노래를 잘해요.
시온   엄마는 공부 잘하고, 글 잘 쓰고, 동화책 좋아하고. 너무 많네요.

**나**   하온이는 시를 잘 쓰고, 컴퓨터 잘하고, 예의 바르고.

**아내**   시온이는 그림 잘 그리고, 수영 잘하고, 춤 잘 추고, 배려심이 좋고.

이 모든 것을 종합하여 한 편의 시를 지었다.

〈우리 가족〉

마술사 아빠 수리수리 마수리

우리 가족 마음을 즐겁게 해요.

해결사 엄마는 척척 뚝딱

정리하고 새롭게 해요.

사랑둥이 두 딸은 달콤 깜찍

애교로 행복을 선물해요.

사랑이란 믿음이 모여서

우리 가족이 됐어요.

시에 대한 그림을 그릴 차례다. 전체적인 윤곽은 엄마가 만들고, 쌍둥이들이 가족 캐릭터를 그리고 배경색을 칠해 완성한다. 아빠인 나는 이에 대한 노래를 만들기 위해 기타를 꺼내 C코드(다장조)를 활용하여 음악 초안을 만든다. 나름 괜찮다. 가족이 모여서 한 구절씩 부르며 완성한다. 충분히 연습한 뒤 녹음한다. 음성 녹음에 대한 것을 MP3로 제작한 뒤 이제 이것을 뮤직비디오 촬영할 순간이다.

☐ 아빠 - 마술하는 모습 촬영
☐ 엄마 - 식탁 위를 정리하는 모습 촬영
☐ 쌍둥이 - 예쁘게 활동하는 모습

**이것을 적절히 배분하여 영상이 완성되었다.**

중요한 것은 이런 일련의 과정들을 모두 가족과 '함께' 했다는 사실이다. 명령, 지시, 강요가 아닌 함께 배려하고, 감사하며, 할 수 있다는 자신감을 심어주니 우리가 결국 해냈다.

제출한 것만으로도 우리는 하나가 되었다. 감사하게도 상장을 받았고, 더 나아가 상금까지 받는 기분 좋은 결과까지 얻었다. 우리 가족의 공모전 도전은 결국 '함께 성장'을 이루었다.

◆ **초등 동시 쓰기 Tip** ◆

아이의 글짓기를 생활화하는 데 가장 중요한 것은 함께하는 것입니다. 초등학교 저학년 때에 부모와 함께하는 글쓰기 놀이는 평생 동안 아이의 자산이 될 것입니다.

## 동시 쓰는
## 아이로 키우기    4

- 아이들이 지은 동시에 날개를 달아 주는 일은 여러 방법이 있다. 노래를 입혀 주는 것도 있고, 칭찬을 해 주는 것도 있고, 어딘가에 아이의 작품을 전시해 놓는 것도 있으니 다양하게 활용하자.

- 노래에는 힘이 있다. 노래를 만들기 위해 동시를 지어 보도록 하는 것도 의미 있는 일이 될 것이다.

- 아이들에게 동시를 짓게 하려면 어른이 먼저 동시를 지어 보는 활동을 해 본다. 동시에는 어떤 감성을 써야 하는지, 어떤 생각을 해야 하는지 먼저 경험해 봐야 더 잘 가르칠 수 있다.

- 아이의 글쓰기를 생활화하는 데 가장 중요한 것은 함께하는 것이다. 초등학교 저학년 때에 부모와 함께하는 글쓰기 놀이는 평생 동안 아이의 자산이 될 것이다.

# 5장.

## "책으로 만들어 자신감을 키워라"

• 동시로 집중력 키우기 **4단계** •

# 동시집
# 만들기
# 4단계

맛있는 재료가 많이 있어도 요리되지 않으면 재료가 무색해진다. 동시도 마찬가지이다. 뭔가 성취감 있는 결과물이 요리로 탄생하는 순간 아이들은 동시를 맛있게 흡수한다.

아이들이 동시를 쓰면 학급에서 주로 활용하는 노란 바구니에 담는다. A4 용지가 딱 사이즈 맞게 들어간다. 1학기에는 이것을 한데 모아두는 공간이 된다. 잘 쓰든 못 쓰든 일단 썼다는 사실에 의미를 부여한다. 아이들에게 안 좋은 면을 지적하는 순간 글과 멀어진다. 책에 들어가는 동시는 조금 묵혔다가 정한다. 생각은 시간이 흐르면 변한다. 생각을 꺼내 쓰인 시를 시간이 흐른 뒤 다시 보면 왠지 오글거릴 때가 있다. 그래서 편집은 2학기(10월)에 시작한다. 그동안 자신이 쓴 시를 보고 수정할 수 있는 기회를 준다.

시를 한 편 한 편 보면서 책에 바로 담아도 좋은 시를 다른 노란 바구니에 담는다. 이곳에 담기는 시들은 모두 뒤에 나오는 책으로 탄생된다. 담기지 않은 시들은 편집할 기회가 부여된다. 하지만 아이들의 시는 대부분 좋은 시이기에 모두 실으려고 한다.

**나**      수정아, 시가 참 좋은걸. 혹시 네가 좀 더 깔끔하게 수정할 수 있을까? 이 부분만 수정해도 멋진 작품이 되겠네.

**수정**      네 선생님. 제가 한번 해 볼게요.

**나**      그래. 수정이의 작품이 기대되는구나. 고마워요.

아이들로부터 이런 반응이 나온다면 예전에 쓴 시를 토대로 새로운 버전의 시가 나올 확률이 높다.

**현욱**      선생님, 저는 이것이 최선이에요.

| 나 | 그렇구나. 그럼 선생님과 친구들이 힘을 합쳐 네 작품을 좀 더 꾸며 줘도 될까? |
|---|---|

친구가 쓴 작품도 이미 훌륭하다는 것을 전제하에 마음을 다해 질문한다.

| 현욱 | 네 선생님, 감사합니다. |
|---|---|
| 나 | 알았어. 우리 반 디자이너들의 힘을 빌려볼게. |

학생들을 지도하다 보면 각자만의 재능이 있다. 그중 그림 그리기에 재능을 보이는 아이, 매일 그림과 동행하는 아이들이 있다. 그런 아이들에게 도움을 요청하면 100퍼센트 희망자가 나온다. 질문 하나만 하면 된다.

| 나 | 우리 현욱이 글이 좋은데, 우리 반 친구들 중에서 이것을 꾸며 줄 친구가 필요해요. 혹시 현욱이를 도와 새롭게 탄생시켜 줄 친구가 있을까요? |
|---|---|

여섯 명의 아이들이 손을 든다. 나는 이들을 가리켜 '디벨로퍼(Developer, 개발자)'라고 부른다. 무에서 유를 창조하는 친구들

이다. 이들의 손을 거치면 어떤 것이든 작품으로 탄생하여 나온다. 디자이너 친구들에게 어떤 보상을 하면 좋을까? 바로, 이름이다. 완성된 작품에 이름을 넣어준다. '글 ㅇㅇㅇ', '그림 ㅇㅇㅇ'으로 표시가 된다.

데일 카네기는 "사람의 이름을 기억하라"라고 강조한다. 또한 미국의 루스벨트 대통령은 다른 사람의 호의를 누릴 수 있는 가장 간단하고 분명하면서도 중요한 방법이 그들의 이름을 기억하는 것이라고 말한다. 이름은 상대로 하여금 중요한 느낌이 들도록 하는 것이라면서 이름의 중요성을 재차 강조한다. 나는 이를 학급에도 그대로 적용한다.

우리 반에서 지은 동시는 어느덧 200여 편이 되었다. 동시가 모이면, 아래와 같은 순서로 진행한다.

### 1. 제목 선정

그동안 쓰인 동시의 특징을 살려 아이들과 함께 동시 제목을 선정한다. 동시 제목에 대해 후보를 받아서 의견을 모으는 방법도 있고, 쓴 동시 제목 중 하나를 선정하는 방법도 있다. 개인적으로는 전자를 선호하기에 아이들과 제목 짓는 수업으로 진행한다.

아이들과 이야기를 거쳐 일곱 가지의 제목 후보가 나왔다.

    1. 꼬마 작가들의 작은 시집
    2. 꿈꾸는 우리들의 세상
    3. 사랑하는 우리
    4. 모두의 시
    5. 밀알월드
    6. 밀알이의 꿈
    7. 밀알이들의 시집

이 중에서 첫 번째 후보인《꼬마 작가들의 작은 시집》이 선정되었다.

### 2. 장 제목 선정

큰 흐름의 목차를 만드는 작업이다. 그동안 이런 장 제목으로 구성하였다.

- 2017년《밀알 한 줄 긋기》(5장) : 꿈의 향기, 사랑의 향기, 희망의 향기, 행복의 향기, 일상의 향기
  → 교실을 운영하던 키워드 꿈, 사랑, 희망, 행복,

일상으로 구성

- 2018년 《밀알랜드》(3장) : 우리들의 어제, 우리들의 오늘, 우리들의 내일

→ 시제에 따라 구성

- 2019년 《어빌리티》(4장) : '어' Awesome(뛰어난), '빌' Belief(믿음), '리' Reality(현재), '티' Teaching(가르침)

→ 제목의 글자를 따서 영어 발음으로 구성

- 2020년 《꿈꾸는 작은 시인들》(4장) : 봄의 향기, 여름의 향기, 가을의 향기, 겨울의 향기

→ 계절로 구성

- 2021년 《꿈꾸는 꼬마 작가들》(3장) : 존중(나를 찾다), 배려(너를 보다), 창의성(우리를 만나다)

→ 학급의 3대 키워드 존중(나), 배려(너), 창의성(우리)로 구성

- 2022년 《꼬마 작가들의 작은 시집》(3장) : 어제를 배우다, 오늘을 사랑하다, 내일을 꿈꾸다

→ 시제에 따라 구성하고 배움, 사랑, 꿈 키워드와 결합

## 3. 표지 공모

제목에 어울리는 표지를 공모한다. A4 용지를 반으로 접어서 표지 앞면, 뒷면을 꾸민다. 학급 내 공모전을 열어 표지를 선정하고 선정된 표지는 스캔한다. 파워포인트 또는 미리캔버스를 활용하여 책등을 만들어 책의 사이즈에 맞게 표지 작업을 마무리한다.

(예, 표지 뒷면 - 책등 - 표지 앞면)

**A4 실사 표지**

**편집한 표지**

### 4. 간지 공모

장 제목과 관련된 이미지를 공모한다. 간지마다 각각 다른 아이들의 작품을 넣을 수도 있고, 하나의 테마 형식으로 한 친구의 작품을 넣을 수도 있다.

《밀알랜드》의 간지 (어제, 오늘, 내일)

《밀알 한 줄 긋기》 간지    《꿈꾸는 꼬마작가들》 간지    《어빌리티》 간지

여기까지가 학생들과 함께 동시집의 기초를 쌓아 올린 것이

다. 이제 원고를 편집하고 '부크크'에 업로드를 하면 우리가 원하는 동시집을 책으로 만날 수 있다.

◆ **초등 동시 쓰기 Tip** ◆

아이들과 동시 쓰기 활동을 어느 정도 했다면, '동시집'을 만들어 주는 것을 추천합니다. 자신의 글을 한 권의 책으로 만날 수 있는 경험은 아이들에게 엄청난 성취감을 선사합니다.

# 생산성을 알려 주는 법

　박문희 작가의 《침 튀기지 마세요》를 보면 재밌는 시들이 많다. 이 책은 아이들이 평소 하는 말을 부모님이나 선생님이 '마주 이야기 공책'에 기록하고 그것을 아이들이 옮겨 쓰고 그린 '마주 이야기 시' 모음집이다. 목적을 가지고 억지로 쓴 글이 아닌 있는 그대로의 모습이 들어갔기에 더욱 생동감 있게 표현되었다.

　이 책이 모티브가 되어 학급 아이들과도 1년 동안 쓴 시를 책으로 만들면 좋겠다고 생각하게 되었고, 생각이 실현되도록 좋은 플랫폼을 발견하여 2017년부터 지속해서 활용하고 있다.

## 직접 출판해 보기

동시집은 '부크크'를 활용하여 ISBN이 부여된 책을 만들 수 있다. 부크크는 누구나 책을 출판할 수 있는 자가출판플랫폼이다. 2014년 11월에 서비스가 시작되어 참여한 저자가 1만 6,000명이 되고, ISBN 출판된 도서가 2만 9,000종이 된다. POD(맞춤형 소량 출판) 서비스로 운영이 되기에 아래와 같은 장점이 있다.

- 출판에 대한 재고가 없다. → 주문과 동시에 인쇄가 되기에 1권(소량)도 가능하다.
- 비용에 부담이 없다. → 주문 전까지 들어가는 비용이 0원이고, 책을 구매할 때만 비용이 요구된다.
- ISBN 번호 부여과정을 대신해 준다. → 원고 편집과 표지 작업만 완성이 되어 업로드 하면 ISBN 번호 부여는 물론, 외부 유통(예스24, 알라딘, 교보문고 등)까지 모두 제휴를 통해 노출이 되도록 도와준다.
- 50페이지 이상만 돼도 원고로서 인정을 받는다.
- 부크크에서 제공하는 무료 표지 활용도 가능하다.

한번 과정을 익히면 어렵지 않다. 특색 있는 학급의 색깔을 만들기 좋아서 학급을 넘어 전교생 작가 만들기 프로젝트를 하는 중이다.

우리의 책을 세상에 알리기까지 아래 5단계를 거친다.

- 1단계: 부크크 로그인 https://bookk.co.kr/
  - 웹에서 '부크크'를 검색하여 로그인하고, 가입을 한다.

- 2단계: 책 만들기 - 5단계로 쉽게 종이책 만들기
  - 도서 컬러 선택(흑백/컬러), 책 규격 선택(46판/A5/B5/A4), 표지 재질 선택(감성적인/대중적인/광택있는), 책날개 선택(유/무), 장수 입력
  - 위 5가지를 입력하면 예상 판매 가격이 측정된다.

- 3단계: 원고 등록(시 스캔 & 원고 편집)
  - 앞서 선정된 장 제목에 어울린 시를 추리는 작업이다. 어제, 오늘, 내일 이라는 목차로 구성을 했다면 시를 읽으면서 3개의 파트로 유목화하고 각각 스캔하여 쓰인 시를 이미지화한다(만약 이 글을 읽는 독자가 교사라면 교무실 복합기를 활용한다. 쉽고 빠르게 스캔을 할 수 있다).

ISBN을 부여받기 위해 부크크(https://bookk.co.kr/)에서 책만들기(원고서식받기) A5 기본서식을 다운받아 활용한다. 시집을 예로 들면 A5 기본 서식을 다운받아 스캔한 시 이미지를 그대로 복사해 붙이면 한글파일에 시 한 편당 1쪽씩 넣을 수 있다. 간지 작업한 이미지도 넣어 편집을 한다(시 이미지에 네온을 줘서 흰색 바탕과 구분되게 편집한다).

| 구분 | 내용 |
| --- | --- |
| 표제 | 최대 50자 가능 |
| 부제 | 최대 30자 |
| 대표 카테고리 | 시·에세이, 소설, 전기·회고록, 경영·경제·자기계발, 인문사회, 기타 중 선택 |
| 성인도서여부 | 성인 또는 전연령 중 선택 |
| 저자 | 저자 이름 입력 |
| 페이지수 | 최소 50페이지 ~ 최대 978페이지까지 입력 |
| 도서 제작 목적 | ISBN 출판 판매용, 일반 판매용, 소장용 중 선택 |
| ISBN 입력 | 부크크에서 무료등록, 이미 보유한 ISBN 입력 중 선택 |
| 원고 업로드 | 원고 100MB까지 업로드 가능 파일이 큰 경우 부크크에서 제공하는 빈파일 다운받은 후 이메일로 보내기<br>*원고 편집시 폰트 주의(부크크에서 권장하는 폰트 다운로드 활용) |

- 4단계: 표지 등록(무료/유료 표지 가능, 직접 업로드 가능)
  - 부크크에서 제공하는 무료/유료 표지를 활용할 수 있고, 아이들이 직접 그린 표지를 스캔 활용하여 업로드 할 수 있다. 단, 무료 표지의 경우 도서의 표지(겉면)에 날개를

지원하지 않는다.
- 표지를 직접 업로드 할 경우 반려가 많이 발생한다. 책의 페이지에 따라 책등의 두께가 측정되고 그에 따른 날개의 미세한 길이가 변경되기 때문이다. 반려되는 과정이 걱정되어 무료 표지를 선택하는 분도 많다. 그래도 직접 아이들의 손때가 묻은 표지를 도전해보기를 권장한다. 자신이 디자인한 표지가 책으로 출간된다면 그 아이에게 책은 어떤 느낌으로 다가올까? 감히 상상되지 않을 만큼 기쁘고 행복할 것이 분명하다.

그런 이유로 나는 지금까지 아이들이 직접 그린 표지를 등록하여 활용하였다. 책을 받아든 아이들의 표정이 지금까지 생생하다.

과정이 복잡해 보이지만, 누구나 쉽게 접근할 수 있어서 활용도가 높다. 특히 글쓰기를 지도하는 학급에서는 활용하기 좋은 플랫폼이다. 이렇게 만들어진 책은 네이버 책에서 검색이 되고, 예스24, 교보문고, 알라딘 등에서도 판매할 수 있다(나는 판매로 인해 발생한 인세는 불우이웃 돕기에 활용한다).

아이들은 저마다 책이 나오면 자신이 쓴 시를 가장 먼저 살펴본다. 성취감은 배가 된다. 내가 쓴 글이 책이 된 것도 신기한데 이렇게 온라인에서 판매도 되니 아이들은 주인공이 된다. 얼굴에 기쁨이 가득 느껴진다.

**나도 작가다! 생각, 느낀 점, 있었던 일만 썼는데 나도 작가다!!**
**잘 쓰든 못 쓰든 내 생각만 전달되어도 좋은 시라고?**
**이젠 나도 작가다!!**

《꿈꾸는 꼬마 작가들》 뒤편에 실린 은서의 글이다. 글이라는 것, 동시라는 것은 앞서 이야기했듯이 일상에 숨어 있다. 우리는 시를 통해 내 생각에 집중하고, 그것을 나만의 언어로 표현했을 뿐이다. 간단하다. 생각이 시로 전달된 것이다. 그 어떤 미사여구도 불필요하다.

아이들이 자기 생각을 "틀려도 괜찮아"라는 마음으로 용기 있게 표현할 수 있으면 그것이 전부다. 관찰이 쌓이고 쌓여서 시력이 되고 시력은 곧 글력이 되어 글력은 곧 생각력의 힘을 준다.

은서의 글에 나는 이런 글로 화답하였다.

나   많은 아이가 자신의 글이 부족하다고 느끼면서 평가되는 것을 두려워합니다. 쓰길 싫어하지요. 그

쓰기 싫은 마음을 쓰고 싶게 만들어 주는 것, 교사인 제가 주어야 할 과제라고 생각이 듭니다.

개인적으로 글 쓰는 것이 재밌어지기까지 36년의 세월이 흘렀습니다. 우리 제자들에게는 좀 더 빠르게 이 글맛을 느끼게 해주고픈 마음입니다. 글이란 것이 쓰면 쓸수록 재밌고, 무엇보다 자신의 성장에 매우 큰 힘이 됩니다. 그 느낌만 알게 해줘도 우리 친구들에게는 좋은 선물을 주는 것이라 여깁니다. 이젠 여러분도 진정한 작가입니다.

우리는 그렇게 모두가 꿈꾸던 꼬마 작가가 되었다.

◆ 초등 동시 쓰기 Tip ◆

가정에서도 부크크 활용이 가능합니다. 아이가 그림을 좋아한다면 그림을 그리고 그와 관련된 짧은 글을 써 보게 합니다. 사진을 좋아한다면 사진을 찍고 그와 관련된 생각 글을 남기게 합니다. 동시 쓰기를 좋아한다면 꾸준히 쓰인 글을 모아 원고를 만들고 부크크를 활용하여 출판할 수 있습니다.

부크크에서는 모든 것이 콘텐츠가 되어 한 권의 책으로 만들어집니다. 미래형 인재는 이러한 생산성에서 강점을 발휘합니다.

# 전교생 꼬마 작가 만들기

내가 재직하는 학교에서 '전교생 꼬마 작가 만들기: 책 쓰기 프로젝트'를 실시하고 있다. 2021년에는 25종, 2022년에는 31종의 책이 탄생했다. 하나같이 소중한 아이들의 작품이다. 세상과 소통하니 더욱 즐겁다. 한 권 한 권을 살펴본다. 아이들의 소중한 글들이 실려 있다.

**동료 선생님1** 선생님, 선생님께서 그동안 진행하셨던 '꼬마 작가 만들기'가 참으로 좋다는 사실을 새삼 깨달았습니다. 새로 만난 학급 친구들과 도서관을 갔는데 저마다 한 권의 책을 들고 저에게 와서 자신이 쓴 글이라며 저에게 자랑스럽게 이야기했습니다. 그 모습이 어찌나 예쁘던지. 아이들의 얼굴이 환하게 빛나는 순간이었답니다. 올해도 아이들과 작품을 잘 만들어보겠습니다.

**동료 선생님2** 이번에 배운 것을 토대로 다른 학교에 가서 아이들과 책 만들기를 했어요. 어찌나 아이들이 좋아하는지. 저에게도 참으로 뜻깊은 순간이었고, 아이들과 마무리하기에 참으로 좋은 책 쓰기 프로젝트입니다. 계속 활용하고 싶네요.

내가 알려 준 동시 쓰기 교육법을 듣고 동료 선생님이 나에게 한 말이다. 앎과 배움은 나눌수록 기쁨이 배가 된다.

## 관찰하고, 생각하고, 생활하는 아이로

동시 쓰기 활동을 경험한 아이들의 글에는 집중력을 토대로 한 3가지 빛이 반짝이고 있었다.

하나, 아이들의 글에는 '관찰'이 담겨 있다.

둘, 아이들의 글에는 '생각'이 담겨 있다.

셋, 아이들의 글에는 '삶'이 담겨 있다.

글 하나 썼을 뿐인데 삶까지 논하다니. 글 삶이 참으로 매력적인 이유다. 삶을 보니 그렇다. 나태주 시인의 유명한 시, 〈풀꽃〉은 아이들의 동시에도 그대로 적용할 수 있었다.

**자세히 읽어야 예쁘다.**

**오래 읽어야 사랑스럽다.**

**아이들의 시도 그렇다.**

내가 시 쓰기 교육에 푹 빠진 이유다. 아이들의 시를 보고 그들의 삶을 본다. 참 예쁘다. 더욱 사랑스럽게 느껴진다.

시 제목부터 표지, 장 제목, 프롤로그, 에필로그, 속지, 간지 등 모든 것들을 아이들과 함께 의논하며 하나씩 정한다. 각자의 장기를 발휘해서 역할을 분배하고 일사불란하게 자신이 맡은 바를 이행하여 한 권의 책으로 만든다. 함께하니 북두칠성보다 더욱 빛난다. 함께하니 더 자랑스럽다. 함께하니 더 서로에게 고마움을 느낀다.

다음은 2022년 본교에서 참 배움을 실천하고 있는 사랑스러운 아이들이 만든 시집 제목이다. 제목만 읽어도 아이들의 웃음꽃이 느껴지곤 한다(부크크 서점 또는 네이버 책에서 검색할 수 있다).

1학년: 《스물일곱 아이들의 글꽃 모음집》, 《스물일곱 빛깔 마음 사전》, 《하하 호호 행복 세상》, 《용기반의 마음 사전》, 《떵동? 독도갈매기반!》, 《알록달록 우리들의 이야기》, 《빛나는 우리들의 여덟 살 마음 사전》

2학년: 《가평성이 가득한 글 모음집》, 《2학년 2반 친구들의 꿈꾸는 이야기 세상》, 《우리들의 행복 추억 모음집》, 《꿈꾸는 2-4의 알록달록 이야기》, 《2학년 5반의 보석처럼 아름다운 추억이 담긴 시집》, 《무궁화 반 시집》

3학년: 《반짝이는 스물다섯 별들의 문집》, 《꽤 볼만한 시집》, 《꼬마 작가들의 작은 시집》, 《3학년 4반 새빛이들의 동시책》, 《삼삼오오 꽃들의 문집》, 《행복 가득한 시 작가들》

4학년: 《4학년 1반! 내 마음을 들어봐요》, 《작은 어린이 시인들》, 《꿈틀이 3기의 작은 이야기, 네컷 만화》, 《4랑스러운 4학년 4반의 시집》, 《새빛 4의 5 꿈둥이들의 글 모음집》

5학년: 《일반스럽지 않은 1반 이야기》, 《붕어빵반 1년 이야기》, 《귀요미 햇반》

6학년: 《미덕의 배고파반 시집》, 《13살 마음 한 스푼》, 《6-3의 하루 같은 일 년》

저마다의 학급 모습이 머릿속에 그려진다.

◆ **초등 동시 쓰기 Tip** ◆

시 제목부터 표지, 장 제목, 프롤로그, 에필로그, 속지, 간지 등 모든 것들을 아이들과 함께 의논하며 하나씩 정합니다. 아이들은 자신이 맡은 바를 충실히 이행하여 한 권의 책으로 만들려고 하지요.

# 이젠 나도 시인이에요

지역 도서관에는 아이들을 위한 다양한 프로그램이 있다. 우리 가족은 도서관 프로그램을 활용하기 위해 도서관 옆으로 이사를 했다. 시 쓰기를 좋아하는 우리 집 아이들에게 딱 맞는 프로그램이 나왔다. '쓰는 사람들' 개인 시집을 출간해 주는 프로젝트다.

매주 수요일에 가서 시를 쓴다. 쌍둥이 각각 16편과 15편의 시를 쓴 작품이 나왔다. 자신이 쓴 시중에서 1편을 골라 시집 제목과 표지를 만들었다. 하온이는 〈아기 올챙이〉를, 시온이는 〈블루 레모네이드〉를 선정했다.

〈아기 올챙이〉

비 오는 날 창문에서

아기 올챙이 만났다.

꼬물꼬물 그냥 지나가는

아기 올챙이.

비가 그치면

금방 사라지는

아기 올챙이.

〈블루 레모네이드〉

바닷속에 상어

어?

어?

상어가 꿈틀꿈틀.

하늘이 담긴

바다.

새콤달콤 달콤새콤

짱이야!

상어야, 빨리

내 입속으로 들어와!

문득 교실 속 아이들, 가정 속 아이들의 모습을 보며 참으로 부러웠다. 어쩜 그렇게 세상을 바라보는 생각을 자신의 언어로 저리 잘 표현한담. 부러우면 지는 거다? 아니 부러우면 지는 것이 아닌 지금 하면 된다. 시작이 반이다.

## 묵은 김치찌개에서 찾은 어머니의 사랑

어느 날 어머니 댁에 다녀왔다. 어머니께서 김치찌개, 오징어볶음 등의 요리를 준비해 주셨다. 이날따라 어머니께서 차려주신 밥상의 김들이 모락모락 춤을 추는 듯하다. 어머니의 밥상은 늘 포식이다. 배가 꽉 차도록 먹는다. 딱 내 입맛을 어찌 아시는지 정말 맛있다.

나는 특히 김치찌개를 좋아한다. 이날도 김치찌개와 밥공기 두 그릇을 뚝딱 비웠다.

'이것을 시로 지어볼까?'

메모장에 생각나는 키워드를 적어 본다. 밥상, 미소, 밥도둑, 학창 시절, 김치찌개, 사랑 등 생각나는 단어를 나열하고 사이사이 낱말, 문장을 채워 넣었다. 진리 중의 진리, 엄마의 밥상은 진정 밥도둑이 분명하다.

〈엄마 밥상이 최고입니다〉
마주 앉아 미소를 머금고
학창 시절 제일 밥도둑이었던

김치찌개 한 스푼.

김치를 입에 넣으니
어린 시절의 나를 만납니다.
엄마와 함께 먹던 밥 한 공기에
사랑이 가득 피어나요.

그때도 지금도
묵은 김치찌개의 맛처럼
묵은 사랑의 맛이 느껴집니다.

밥 한 공기 뚝딱 비워집니다.
역시 엄마 밥상이 최고입니다.

어린아이 같은 순수한 마음으로 주변을 돌아본다. 문득 떠오르는 언어들을 잡는다. 잊지 않기 위해 메모를 했지만, 나중에 쓰려고 책상 위에 앉았는데도 잘 생각이 떠오르지 않을 때도 있다. 하지만 괜찮다. 그때 느낀 감성을 음성으로 녹음하는 방법도 있으니까.

요즘같이 글 쓰기 좋은 세상이 있었던가? 글로, 음성으로, 영상으로 글감을 기록할 수 있는 방법이 넘쳐난다. 나는 그냥 그 순간을 놓치지 않고 잡아내기만 하면 된다. 나도 점차 시인이 되는 것 같다.

◆ **초등 동시 쓰기 Tip** ◆

집에서 직접 동시 쓰기를 가르치기 어렵다면 도서관이나 다른 선생님을 통한 방법도 있습니다. 아이와 함께 시와 더 가까워지는 생활을 하시길 바랍니다. 시작이 반이니 지금 바로 해 보세요.

## 동시 쓰는
## 아이로 키우기    5

- 아이들과 동시 쓰기 활동을 어느 정도 했다면, '동시집'을 만들어 주는 단계로 넘어간다. 자신의 글을 한 권으로 만날 수 있다는 것은 아이들에게 엄청난 성취감을 선사하는 일이다.

- 가정에서도 단독 출판을 할 수 있다. 관련 업체를 손쉽게 활용할 수 있다. 아이가 그림을 좋아한다면 그림을 그리고 그와 관련된 짧은 글을 써 보게 하고, 사진을 좋아한다면 사진을 찍고 그와 관련된 생각 글을 남기게 한다. 동시 쓰기(글)를 좋아한다면 꾸준히 쓰인 글을 모아 원고를 만들고 출판할 수 있다.

- 시 제목부터 표지, 장 제목, 프롤로그, 에필로그, 속지, 간지 등 모든 것들을 아이들과 함께 의논하며 하나씩 정한다. 아이들은 자신이 맡은 바를 충실히 이행하여 한 권의 책을 만드는 데 적극적으로 임할 것이다.

- 집에서 직접 동시 쓰는 방법을 가르치기 어렵다면 도서관이나 다른 선생님을 통한 방법도 있다. 시작이 반이니 지금 바로 아이와 함께 시와 더 가까워지는 생활을 하시길 바란다.

**에필로그**

# 동시에서 찾은 아이들의 무한한 잠재력

한 아이가 한 편의 시를 쓰고 나에게 보여 준다.

〈싸움〉

싸움 해봤자 좋을 거 없다.
싸움 해봤자 재밌을 거 없다.
친구 때려 봤자 좋을 거 없고
이겨 봤자 좋을 거 없다.
다시는 싸우지 않겠다.
항상 문제는 나다.

**아이**    시를 쓰긴 써야 하는데 도저히 생각이 나지 않았어요. 문득 제가 싸움을 자주 했다는 생각이 났고, 마음에서 들리는 소리를 글로 쓰니 결국 문제는 저였던 것 같아요. 이것도 시가 되겠죠?

**나**    물론이지. 결국 시라는 것은 마음의 소리거든. 그것을 잘 표현했구나. 선생님은 너의 시도 좋지만, 마음의 소리를 경청했다는 그 자체를 참으로 대견하게 생각해. 너는 더욱 잘할 수 있어.

잠시 후 아이는 또 한 편의 시를 또 써 온다.

〈시〉

시노래 시냇물

시내 시발점

시소 시장

시합 시험

시작과 끝 시식

시리즈 시래기국

시란 내가 생각하는 것

'시'로 시작하는 글을 적어 왔다.

| | |
|---|---|
| 나 | 계이름은 뭐가 있지? |
| 아이 | 도레미파솔라시, 7음계가 있죠. |
| 나 | 네가 그중 '시'에 대해서 썼으니 전세계 최초 7음계 시를 적어보자. 다음은 '도'로 시작되는 시를 한번 써 보렴. |

아이와 즐겁게 쓴 시에 대한 이야기를 나누니 시간 가는 줄 모른다. 아이가 가고 천천히 시를 음미해 보았다. 백지에서 시작되어 생각의 끝자락을 잡고 삶을 써 준 아이. 그 뒤로 아이는 내가 말한 '도레미파솔라시'에 대한 시를 적어 오지는 않았지만 삶을 대하는 태도가 조금씩 변하기 시작했다. 이와 함께 나 역시 아이들의 동시에 관심이 가기 시작했다.

아이들의 시를 엮어 《밀알 한 줄 긋기》라는 책을 출간했다. 당시 학교에서는 인문학 도서 출판 기념 행사를 했고, 관련 내용도 지역 신문에 기재되었다. 그 기사를 본 인터넷 방송 PD가 우리 반 아이들 4명과 지도 교사인 나를 방송에 초대했다. 촬영하는 내내 즐겁고 행복한 아이들의 소리가 들렸다. 자신이 좋아하는 시도 발표하고 캡슐에 담긴 질문에 답하며 즐거운 촬영이 마무리되었다.

우리를 초대해주신 PD님께 "어떤 시가 가장 마음에 드셨나요?"라는 질문을 드리니 다음과 같은 시를 골라 주셨다.

〈나〉

나는

위대합니다

마침 이 시를 쓴 아이가 촬영장에 있었기에 어떻게 쓰게 되었는지 물어보니 대답은 간단했다.

"당시의 제가 위대해 보였어요."

짧지만 묵직한 한마디였다. 갑자기 아이들과 함께한 지난날이 주마등처럼 스쳐지나가면서 괜스레 눈물이 났다.

나는 아이들의 위대함을 동시 쓰기로 알게 되었다. 이미 가지고 있는 것들을 하나씩 꺼내기만 하면 되는 것이었기 때문에 그 어떤 기교도 필요하지 않았다. 아이들이 저마다 가진 것들을 하나씩 벗겨 보니 가슴 벅찬 열매가 있었다. 그것이 동시로 표현되었고, 나는 그 위대함을 날마다 만날 수 있었다.

이 책이 여러분의 '동심'을 만나게 하고 마음을 열어 '동시'로 연결되는 다리가 되었으면 좋겠다.

〈동시〉

밀알샘 김진수

동심에서
'ㅁ'을 떼어내어
'ㅏ'붙여
마음을 열어본다.
마음의 소리가 들린다.
소리의 손끝을 따라간다.
한 편의 동시가 완성된다.
나의 동심도 완성된다.

### 감사의 글

이 책의 많은 지분은 세상의 빛과 소금이 되는 우리 밀알 반 아이들에게 있습니다. 교직 경력 13년이 되어서야 비로소 아이들의 내면을 바라볼 수 있었고, 아이들의 시를 읽으면서 깨달은 바가 참으로 많았습니다. 무엇보다 아이들 내면에는 이미 빛으로 가득하다는 것을 알았지요. 어두웠던 곳에 환한 빛이 비치면서 주변을 볼 수 있도록 하는 느낌이랄까요. 덕분에 교육을 향한 가슴이 뜨거워졌습니다.

아이를 바라보는 관점이 바뀌자 교실이 덩달아 바뀝니다. 교실이 바뀌니 아이들과 함께 하는 1년이 설렘 가득한 공간으로 변했습니다. 밀알 반 아이들이 아니었다면 이런 행복한 교육을 절대로 하지 못했을 것입니다. 아이들로부터 받은 귀한 영감을 앞으로 만나는 수많은 아이에게 나누며 보답하렵니다.

우리 밀알이들의 꿈과 희망을 진심으로 응원하는 바입니다. 고맙습니다.

# 부록

## 초등 집중력을 키우는 동시 쓰기 로드맵

아이와 함께할 수 있는
연습용 주제 예시

## • 다섯 글자를 활용한 동시 쓰기

누군가에게 힘이 되는 말을 동시로 바꿀 수 있을까요? 너무 길지도 짧지도 않은 다섯 글자로 이뤄진 낱말을 활용하여 시를 지을 수 있답니다. 누군가에게 힘이 되는 다섯 글자 말을 찾아볼까요? 생각보다 정말 많습니다. 아이들 역시 어려워하지 않고 쉽게 낱말을 떠올릴 수 있지요. 다음과 같은 순서로 따라해 봅시다.

1단계: 다섯 글자로 이뤄진 생각나는 낱말은 무엇이 있을지 생각한다.
2단계: 마인드맵에 하나씩 써 본다.
3단계: 다섯 글자들을 연결하여 문장으로 만든다.
4단계: 알맞은 제목을 쓰고, 그림으로 그리면 따듯한 동시가 완성된다.

### 마인드맵 예시

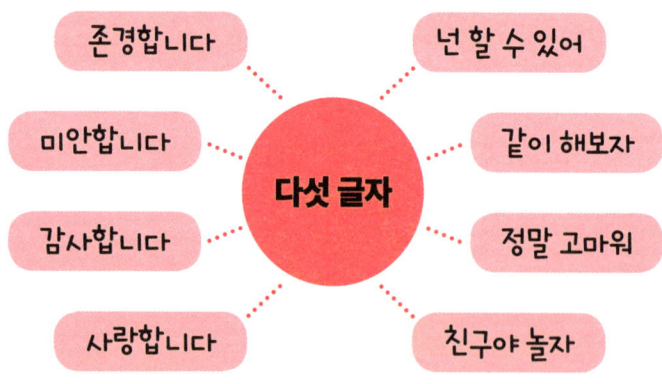

◆ 완성된 동시 ◆

**제목:** 다섯글자의 따듯함

다섯글자는 정말 따듯한 말이야

넌 할수 있어

같이 해보자

정말 고마워

친구야 놀자

이렇게 말하면

친구가 따듯하게 너에게 다가갈거야

우리같이 따듯한 말

다섯글자를 말해보자.

◆ **마인드맵 작성하기** ◆

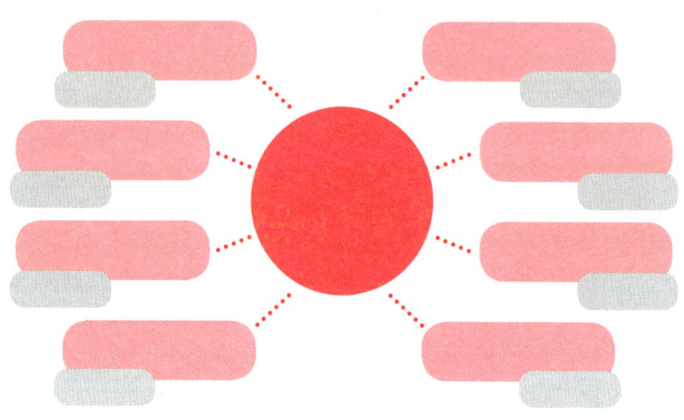

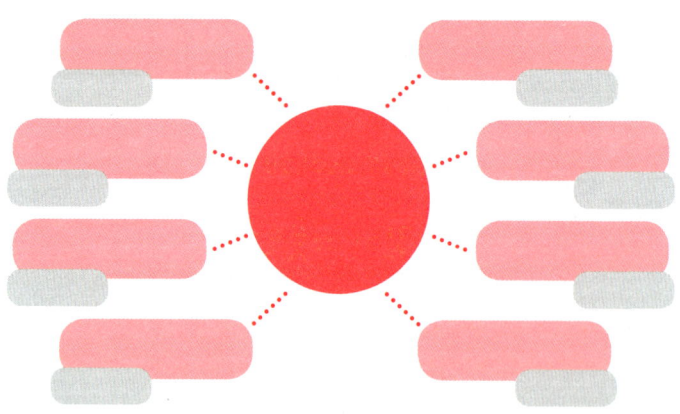

◆ **완성된 동시** ◆

제목:

## • 사계절을 활용한 동시 쓰기

계절에 관한 느낌을 시로 표현해 보면 어떨까요? 봄에는 꽃놀이를 간 기억, 여름에는 바다에 놀러간 기억, 가을에는 낙엽을 책꽂이로 사용한 기억, 겨울에 가족과 눈사람을 만든 기억 등 추억을 떠올릴 수 있습니다. 사계절 봄, 여름, 가을, 겨울마다 아이들이 느끼는 마음, 생각의 변화 또한 관찰할 수 있답니다.

1단계: '여름' 하면 생각나는 단어를 적는다.
2단계: 마인드맵으로 낱말을 하나씩 써 본다.
3단계: 낱말을 생각하며 연상되는 문장을 완성한다.
4단계: 문장을 연결하여 제목을 붙이고, 그림으로 표현한다.

### 마인드맵 예시

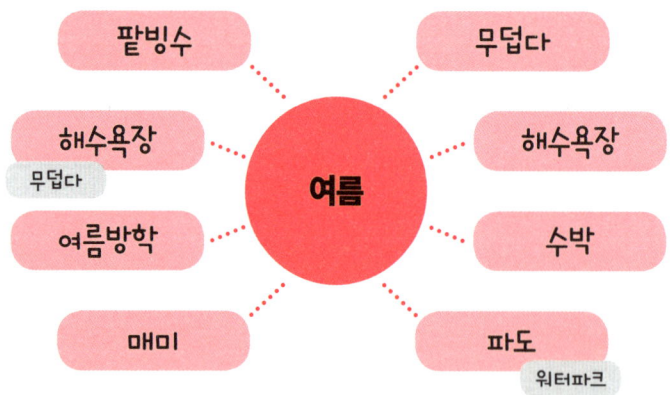

◆ 완성된 동시 ◆

**제목:** 아! 여름이다

첨벙첨벙 쨍쨍 무더운 여름

아! 여름이다

진짜 덥다

지나가던 지렁이가 핵핵 거리고

거친 파도가 삼켰으면 하는 여름

워터파크에서 놀면 진짜 시원해

비가 심하게 내리는 여름

우리 다 같이 팥빙수 먹자

◆ 마인드맵 작성하기 ◆

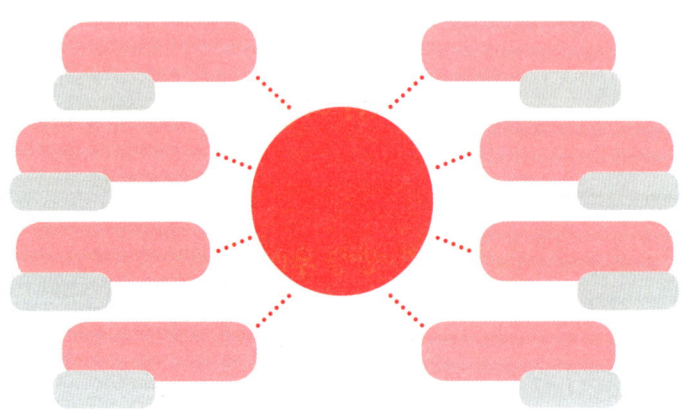

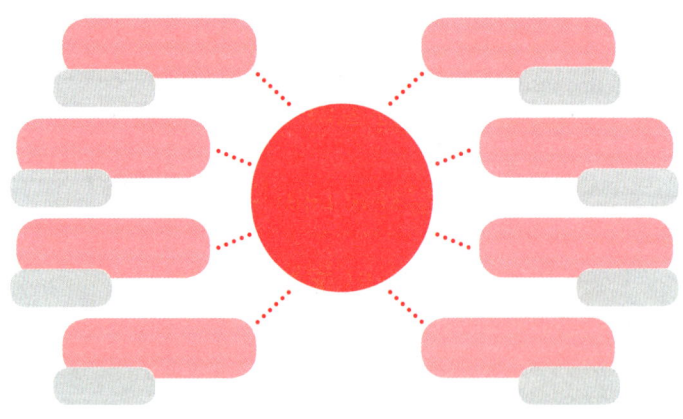

◆ 완성된 동시 ◆

제목:

## • 시간마다 달라지는 구름을 활용한 동시 쓰기

동시를 쓰다 보면 자주 주변을 관찰하게 됩니다. 저는 특히 하늘을 자주 바라봅니다. 그중에서도 둥둥 떠다니는 구름을 유심히 보지요. 구름은 시간마다, 날마다 항상 다른 모양입니다. 구름을 바라보는 아이들의 마음도 모양에 따라 상상의 나래를 펼칩니다. 구름이 어떤 모양으로 보이나요? 그것이 바로 동시가 됩니다.

1단계: '구름' 하면 생각나는 단어를 적는다.
2단계: 마인드맵으로 하나씩 써 본다.
3단계: 낱말을 생각하며 연상되는 문장을 완성한다(소재와 함께 대화하는 형식으로 표현해도 좋습니다).
4단계: 문장을 연결하여 제목을 붙이고, 그림으로 표현한다.

마인드맵 예시

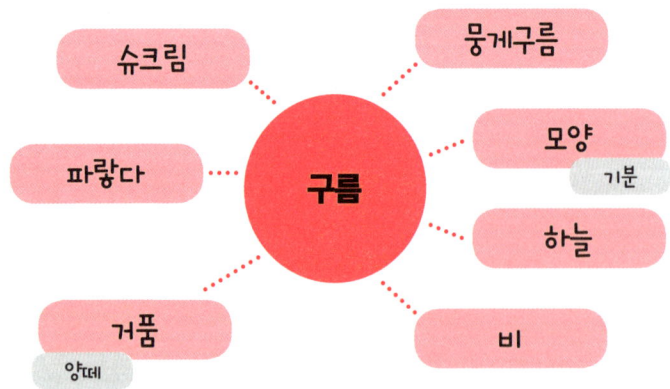

♦ 완성된 동시 ♦

### 제목: 구름

구름아!
너는 기분에 따라
모양이 바뀌니?

구름은 말을 할 수 없지만
구름 모양만 보면 알 수 있지

하늘 가득 슈크림 같은 뭉게 구름?
아님 하늘에 거품이 인듯한 양떼 구름?
구름아 우리 이야기 나누며 기분풀자

◆ 마인드맵 작성하기 ◆

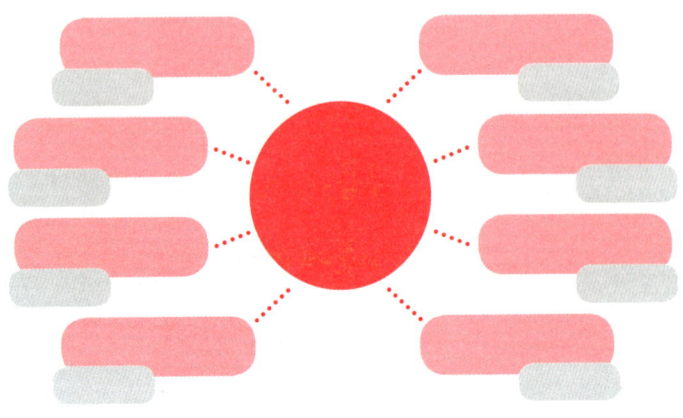

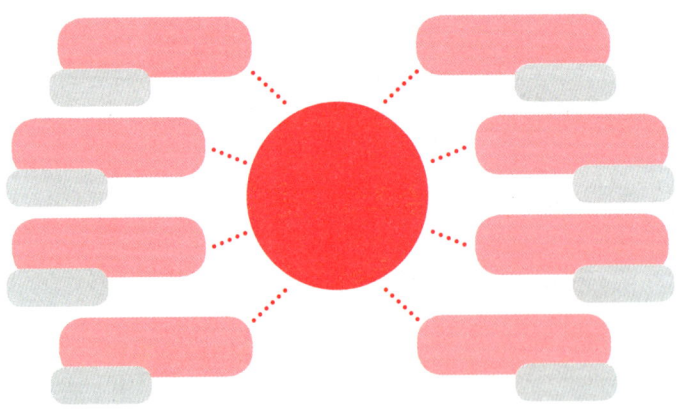

◆ 완성된 동시 ◆

제목:

## • 마음 속 감정을 표현한 동시 쓰기

동시 쓰기의 장점은 나의 마음과 끊임없는 대화를 한다는 점입니다. 하루하루 바쁘게 살아가는 '나'를 잠시 멈춰 세우고 마음을 들여다보는 시간을 가지는 것이죠. 하루를 마치고 아이에게 오늘 하루는 어땠는지, 어떤 마음이었는지를 물어보세요. 아이의 마음도 알 수 있고, 마음을 표현하는 연습을 할 수 있습니다.

1단계: 아이에게 지금 무슨 생각을 하고 있는지 묻는다.
2단계: 마인드맵으로 하나씩 적는다.
3단계: 낱말을 생각하며 연상되는 문장을 써 본다.
4단계: 문장을 연결하여 알맞은 제목을 붙이고, 그림으로 표현한다.

### 마인드맵 예시

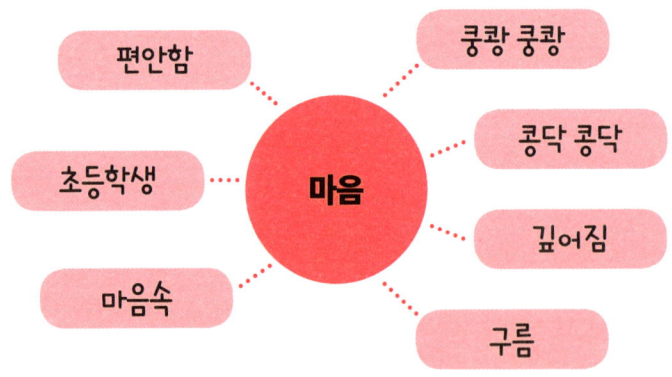

◆ **완성된 동시** ◆

**제목:** 나의 작은 마음 속

나의 마음 속은 쿵쾅 쿵쾅

작은 울림이 콩닥콩닥

나의 마음 속은 점점 깊어진다

점점 또 점점...

마치 구름을 마음속에

넣은 것처럼...

마음속은 편안하다

◆ **마인드맵 작성하기** ◆

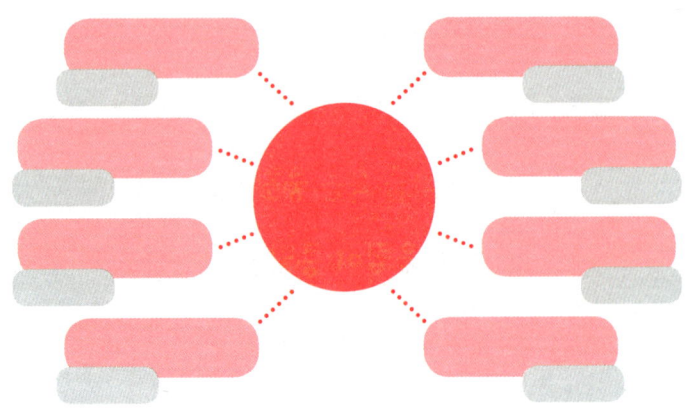

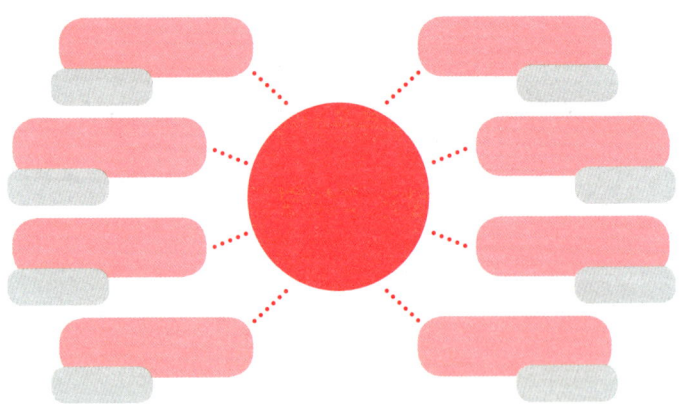

◆ 완성된 동시 ◆

제목:

## • 사물을 관찰하고 활용하여 동시 쓰기

아이가 글감이 떠오르지 않아 힘들어한다면, 주변을 같이 살펴보세요. 흔히 볼 수 있는 책상, 연필, 의자 등 다 좋습니다. 아이가 관심을 가지고 살펴보는 사물이 있을 것입니다. 그것의 특징을 동시로 표현하면 아이의 관찰력도 올라가고 사물의 의미를 찾는 재미를 찾을 수 있습니다.

1단계: 아이에게 주변에 뭐가 보이는지 질문한다.
2단계: 마인드맵으로 하나씩 써 본다.
3단계: 낱말을 생각하며 연상되는 문장을 완성한다.
4단계: 문장을 연결하여 제목을 정하고 그림으로 표현한다.

### 마인드맵 예시

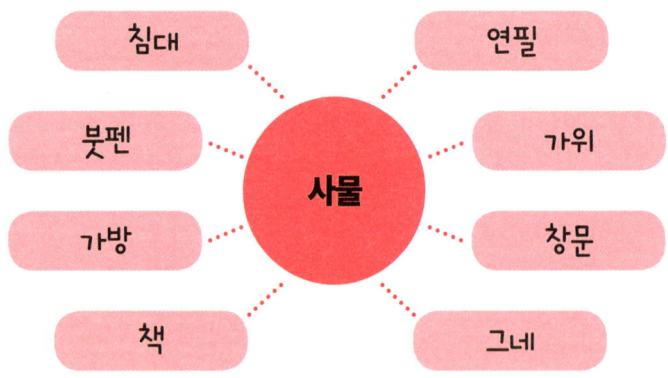

◆ 완성된 동시 ◆

### 제목: 붓펜

흐느적, 흐느적

삐뚤 빼뚤

잘 안써지는 붓펜

붓펜, 넌 언제 나랑 친구할래?

◆ 마인드맵 작성하기 ◆

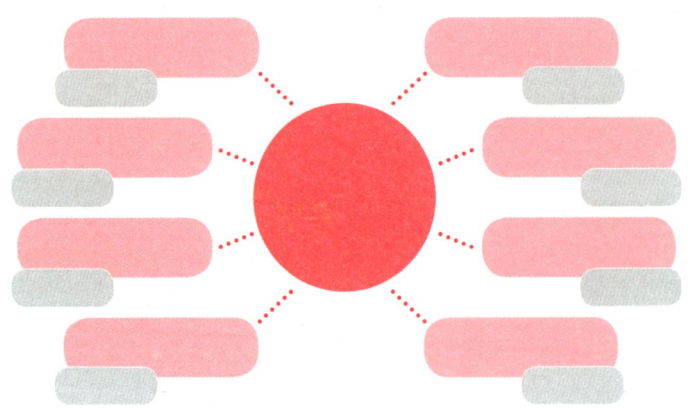

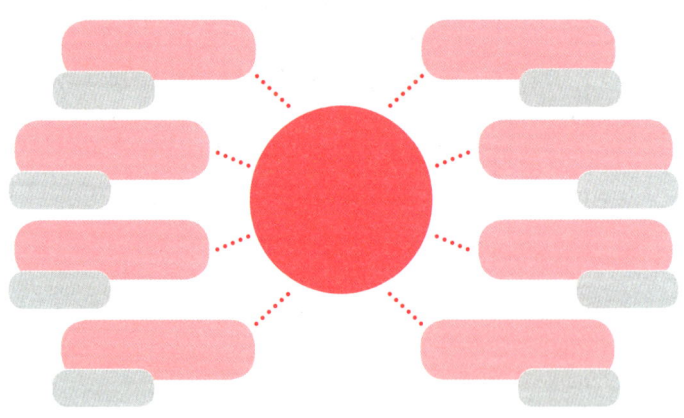

◆ 완성된 동시 ◆

제목:

## • 가족의 의미를 찾는 동시 쓰기

아이의 삶에서 가장 소중한 것은 아마도 가족일 것입니다. 가족은 여러분에게 어떤 의미가 있나요? 아이가 생각하는 가족에 대한 생각을 연결하면 한 편의 동시가 나옵니다. 아이들과 함께 가족을 주제로 동시를 쓰면 내용은 다 다르지만 한 가지는 분명히 드러납니다. 바로 가족은 '사랑'이라는 것이지요.

1단계: 아이에게 '가족' 하면 떠오르는 낱말이 무엇인지 묻는다.
2단계: 마인드맵으로 하나씩 써 본다.
3단계: 낱말을 생각하며 연상되는 문장을 완성한다.
4단계: 문장을 연결하여 제목을 정하고, 그림으로 표현한다.

### 마인드맵 예시

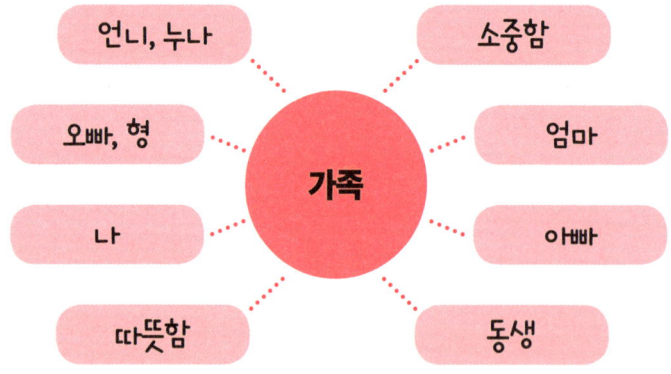

◆ 완성된 동시 ◆

제목: 가족

가족은 소중한 존재다

가족은 어떤 것도 바꿀 수 없다

우리 가족은 무엇보다도 소중하다

가족의 의미는 사랑

따뜻함 이다

◆ 마인드맵 작성하기 ◆

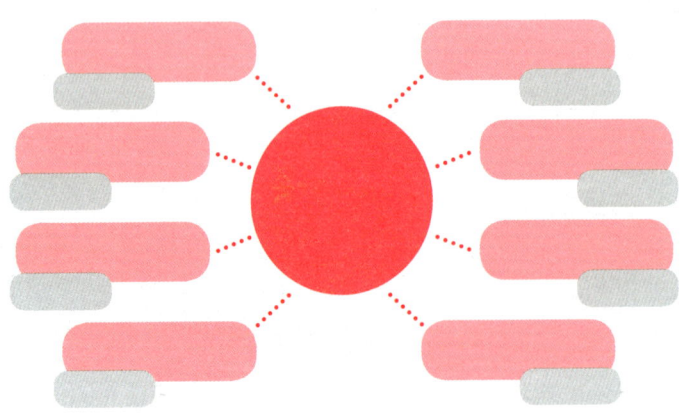

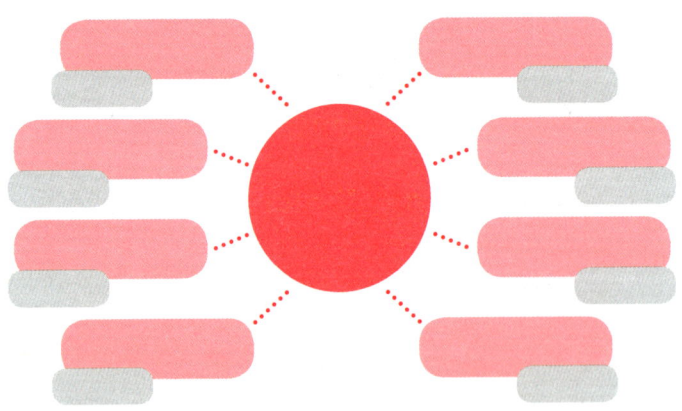

◆ **완성된 동시** ◆

제목:

## • 일기로 활용한 동시 쓰기

일기를 쓴다는 것은 결국 시를 쓰는 것과 같습니다. 아이가 생각을 글로 표현하고 이를 정돈하면 한 편의 시가 완성되지요. 아이에게 일기장에 쓴 내용 중 가장 마음에 드는 글을 가져와 동시로 바꿔 보자고 제안해 보세요.

1단계: 아이 일기장에서 한 편의 글을 선택한다.
2단계: 중요한 낱말과 문장에 밑줄을 긋는다.
3단계: 행과 연을 나눠 시로 바꾼다.
4단계: 알맞은 제목을 붙이고, 그림으로 표현한다.

### 일기 예시

2024년 2월 2일 금요일   날씨: 맑음 ☼

제목: 시집을 읽었다

오늘은 <u>도서관에서 빌린 시집을 다 읽었다.</u>
다음에 다시 도서관에 간다면 다른 시집을 빌려야겠다.
시집을 읽고 <u>하늘을 봤는데 명언이 생각났다</u>
"밤에 보는 달보다 낮에 보는 달이 더 예쁘다. 눈부신 빛을 이겨내고 자신의 모습을 보여주니까"
달은 정말 멋진 것 같다

◆ 완성된 동시 ◆

## 제목: 달

빌린 시집을 모두 읽었다
다음에 다시 도서관에 간다면
다른 시집을 빌려야지
어제 시집을 읽고 하늘을 보며
명언 하나를 생각해냈다

"밤에보는 달보다 낮에 보는 달이
더 예쁘다
눈부신 빛을 이겨내고
자신의 모습을 보여주니까"

달은 정말 멋지다

나도 언젠가는 두려움이라는
빛을 이겨내고
나 자신의 모습을 보여줘야지

◆ **활용할 일기 내용** ◆

| 년　월　일　요일 | 날씨: |
|---|---|

제목:


| 년　월　일　요일 | 날씨: |
|---|---|

제목:

◆ 완성된 동시 ◆

제목:

감성 지수 UP·탐구력 UP·창의력 UP·글쓰기 능력 UP
## 초등 집중력을 키우는 동시 쓰기의 힘

ⓒ 김진수 2024

**인쇄일** 2024년 3월 11일
**발행일** 2024년 3월 18일

**지은이** 김진수
**펴낸이** 유경민 노종한
**책임편집** 구혜진
**기획편집 유노라이프** 권순범 구혜진 **유노북스** 이현정 조혜진 **유노책주** 김세민 이지윤
**기획마케팅 1팀** 우현권 이상운 **2팀** 정세림 유현재 김승혜
**디자인** 남다희 홍진기 허정수
**기획관리** 차은영
**펴낸곳** 유노콘텐츠그룹 주식회사
**법인등록번호** 110111-8138128
**주소** 서울시 마포구 월드컵로20길 5, 4층
**전화** 02-323-7763 **팩스** 02-323-7764 **이메일** info@uknowbooks.com

**ISBN** 979-11-91104-89-9(13590)

- ㅡ 책값은 책 뒤표지에 있습니다.
- ㅡ 잘못된 책은 구입한 곳에서 환불 또는 교환하실 수 있습니다.
- ㅡ 유노북스, 유노라이프, 유노책주는 유노콘텐츠그룹 주식회사의 출판 브랜드입니다.